Francisco Lora

1

Ayudando a Pescar Oportunidades

Ayudando a Pescar Oportunidades

Por: Francisco Lora

Ayudando a Pescar Oportunidades

Libro/manual de Faucla Internacional

Francisco Lora

© 2008 Bubok Publishing S.L.

1ª edición

ISBN: 978-84-9981-906-8 ISBN EBOOK: 978-84-9981-907-5

DL: M-26167-2011

Impreso en España / Printed in Spain

Impreso por Bubok

Ayudando a Pescar Oportunidades

DEDICATORIA

"A Nuestro Señor Jesucristo". ¡Por ser el Maestro de maestros! Por enseñarme a pescar y poner en mi corazón, el ardiente deseo de servir a los demás. "Siento en su nombre", que todas las personas que hagan su trabajo con amor, serán bendecidas, y todos sus sueños podrán hacerse realidad. "Para que juntos podamos hacer de éste, un mundo de amor y prosperidad".

Ayudando a Pescar Oportunidades

Agradecimientos

A todas las personas que leyeron el libro antes de su publicación. Ellos vieron el mensaje y están totalmente de acuerdo en que cumple con las necesidades familiares, por el rescate de los valores y el derecho a una vida digna para todos. Gracias Pepy Martínez. Fanny Rodríguez. Scarlett Arias. Edwardo Inirio. Olga López. Ileana y Orlando Pérez. Gracias a todos los miembros voluntarios de Faucla Internacional.

INDICE

INTRODUCCION

EL PODER DE LA INFORMACIÓN

¿QUÉ ES UNA OPORTUNIDAD?

I   AL NACER

II   RESPONSABILIDAD DE LOS PADRES

III   RESPONSABILIDAD DE LOS HIJOS

IV   MUNDO DE COMPRA Y VENTA

V   LA HORMIGA MÁS RICA DEL MUNDO

VI   SUMA Y RESTA: CUESTION DE LÓGICA

VII   ¡NO TEMAS SER RICO!

VIII   POBREZA Y RIQUEZA: ¿QUÉ ES ESO?

Ayudando a Pescar Oportunidades

Prólogo

Con mis (20 años de experiencia) como empresaria en el área Textil en Murcia España, me he dedicado a crear empleos a muchas personas. Ahora que veo la dura situación por la que pasan tantas familias, he sentido importancia, por no ver una clara solución (a corto plazo) para tantos parados.

Gracias a Dios, siempre aparece una luz al final del túnel, y así conocí al Sr. Francisco Lora: mejor conocido como (Larry Queza), autor de este libro manual, y también inventor de varios juegos educativos. Larry es también presidente fundador de la fundación FAUCLA INTERNACIONAL. Al conocer la visión que

Larry tiene para ayudar en la creación de empleos, decidí unirme a este proyecto porque visualice que juntos podíamos, ayudar a crear más empleos.

Le presente a Larry Queza el proyecto de "MBR", como una forma de ayudarlo a financiar su fundación, y de inmediato a Larry se le encendió el bombillo de inventor… y no solo miró la oportunidad, también inventó un juego para facilitar que muchas familias, ONG y líderes comunitarios, se conecten a esta fuente de oportunidades.

Pepy Martínez Chuecos
Máster en Comercio Exterior
Directora de "FAUCLA, para España, y toda Europa".

Introducción

No le dé el pescado… ¡Enséñele a pescar! ¿Le parece familiar esto? Se dice que esta enseñanza es bíblica porque "Jesús lo dice para enseñar": que a las personas se le debe enseñar a hacer las cosas por sí misma. También dicen que es una sabia frase de la Cultura Oriental. Como quiera que se diga o se trate de decir; el mensaje es el mismo: "NO se le debe dar -a una persona-, lo que ella puede hacer con su propio esfuerzo".

Y la razón es que la vida tiene varias etapas y cada persona tiene que vivir las suyas. Nacemos, crecemos, envejecemos y morimos.

Así que, el adulto de mediana edad, debe proteger al niño, hasta que cumpla su mayoría de edad, (18-21 años). Pero cuando el hijo cumpla esos años, "ya debería saber" cómo ganarse su comida: con el sudor de su frente. De igual manera, antes de que el hombre llegue a su vejez –la edad de retiro-, ya debería tener suficientes ahorros para mantenerse: o pagar por todas sus necesidades, hasta completar sus últimos días de vida.

Sin embargo, dos de los ciclos más importantes del ser humano   –para alcanzar esta meta-, no se están promoviendo debidamente… y el hombre y la mujer de la mediana edad, regularmente son forzados/as (sin ser del todo responsables), al tener que usar demasiados recursos para cuidar del joven y del viejo: en este caso estoy refiriéndome al joven que ya pasó de los 21 años, y del viejo que ya no tiene fuerza física para producir…

Ayudando a Pescar Oportunidades

Quiero decir: el joven que ya tiene la fuerza para producir, y el viejo, "que ya está agotado" ambos dependen del hombre y la mujer de mediana edad que (por lo regular), no puede con sus propias necesidades… y además debe seguir manteniendo al joven que ya debería producir y, al viejo que ya no puede más; pero que debió guardar para tal eventualidad. Así que, ahora tenemos tremenda situación. Todo esto es producto de que ningunos fueron enseñados debidamente: ¡A PESCAR! (en el caso que aplique). Esta es una de las causas por lo cual, –la mayoría de las personas- continúa en la pobreza.

De tal manera, este trabajo pretende romper con los viejos hábitos, y así comenzar con los niños para que -al llegar a su mayoría de edad-, comiencen un nuevo ciclo de prosperidad. Creo que fijarnos en las hormigas (como dice la Biblia, Prov. 6:6-8), es lo mejor a lo que podemos aspirar, para hacer que este mundo sea más próspero.

¿Por qué los hijos deben ser mantenidos más allá de sus 21 años de edad? El amor de los padres permite eso, pero a la vez, se está "mal enseñando" a la persona porque   desde la misma creación del hombre, éste fue condenado a trabajar con el sudor de su frente para ganarse el pan de cada día: "Génesis 3:19".

Quienes están encargados de educar a los niños y jóvenes de hoy son los adultos: pero... ¿Quién educó a estos adultos? En promedio, tenemos una familia numerosa "y por lo regular", sólo uno produce con el sudor de su frente: el resto consume sin participar en el proceso de producción.

Esto no sólo se puede cambiar: ¡TENEMOS QUE HACER ALGO PARA CAMBIARLO! Por eso estoy escribiendo este (Libro/Manual) con la esperanza de ayudar en este proceso. Debemos aprender a PESCAR y enseñarle a nuestros hijos en la edad correcta (no después de que sean adultos) sino: antes. La edad no sería relevante, sin embargo,   esto se debe iniciar desde los primeros años.

En otras palabras: debemos entrenar al atleta   -siempre que sea posible, antes de la prueba, "No durante la misma"   porque entonces las posibilidades de éxito se colocan en su contra. "Esta es una ley universal".   Los juegos tienen sus reglas. La vida tiene sus reglas. Aprenderla y ponerla en práctica es lo que nos da la oportunidad de ganar. Una de las razones por la cual existen ricos y pobres es porque unos saben y otros no: ¡LAS REGLAS!

"La paz y la guerra empiezan en el hogar. Si de verdad queremos que haya paz en el mundo, empecemos por amarnos unos a otros en el seno de nuestras propias familias.   Si queremos sembrar alegría en derredor nuestro, precisamos que toda familia viva feliz".

"Madre Teresa de Calcuta (1910-2010)"

Ayudando a Pescar Oportunidades

18

Ayudando a Pescar Oportunidades

"EL PODER DE LA INFORMACION"

Quiero hacer una breve introducción de este tema, acerca del poder de la información. Lo considero importante porque "CON UNA NUEVA ACTITUD", usted puede sacar mejor provecho de este trabajo, logrando moverse en la dirección que le permita hacer realidad sus sueños. Regularmente, sólo prestamos atención a lo que nos parece importante, y a veces obviamos ideas que son lanzadas al aire a través de la información. Tome nota, y recuerde que todo lo que existe en esta vida, es el producto de una idea, y las ideas se transmiten por medio de la información.

Así, la información es un conjunto de ideas debidamente organizadas, y es así como todo lo que usted puede ver y tocar, es el producto de una idea. "Nada se ha hecho que no sea a través de una idea". Todo lo que usted desea está hecho de ideas que se transmiten por medio de la información. Este trabajo es lo mismo, cada palabra puede generar un gran número de ideas que pueden fortalecer las ideas en las que usted cree, para ayudarle a lograr sus metas.

Un automóvil es una idea, una casa es una idea, unas vacaciones son una idea, un empleo es una idea; y así encontramos que todo lo que usted desea se compone de ideas que son transmitidas a través de la información, y estas se mueven, gracias a la comunicación.

Hay en este trabajo –CANTIDADES DE IDEAS– que son tan poderosas que usted, (sólo necesita una) para lograr realizar sus sueños. Ponga mucha atención a lo que a continuación leerá, **_y luego póngase en acción_**, para que haga realidad (con mayor facilidad), el estilo de vida que desea ¡para usted, sus seres queridos y su comunidad!

¿QUÉ ES UNA OPORTUNIDAD?

Una oportunidad es exactamente lo que usted piensa que es... más lo que ahora le ayudare ver. Saber algo es una oportunidad, porque las oportunidades solo las pueden aprovechar quienes están preparados para sacar provecho de ellas. Unas de las oportunidades que todos buscamos en común es: producir dinero para pagar por nuestras necesidades básicas.

Todos tenemos la oportunidad de ganarnos el sustento de cada día, porque para eso, el requisito mayor es tener la capacidad de desempeñar "una función básica". Ahora bien, las oportunidades –para algunas personas-, aumentan en la medida en que (esa persona) se esfuerce en aprender, en desarrollar habilidades.

Hablar un idioma extra le ofrece una oportunidad extra; hablar tres idiomas le ofrece más oportunidades, etc.

La persona que sabe algo tiene más oportunidades que una que no sepa nada… No saber algo, también ofrece la oportunidad de aprender. Toda ocasión y situación es una oportunidad, depende de qué se esté hablando.

Si una persona aprende otros idiomas, ha creado la oportunidad a nuevas posibilidades. Usted tiene la oportunidad de hacer algo que desea hacer. Las oportunidades están en todas partes. "Ellas circulan como el aire que respiramos". Lo que es una oportunidad para uno, necesariamente no lo es para otros… Por ejemplo: si usted desea buscar un empleo, en ese momento comienza a mostrarse ante usted, un montón de oportunidades. Si no desea trabajar, en vez de oportunidad, mirará excusas.

Una oportunidad se crea a partir de una necesidad. Quienes tienen la necesidad, tienen la oportunidad de saciarla. Si no hay necesidad, no hay oportunidad. Por lo tanto, las oportunidades nacen con las necesidades, y para satisfacer esas necesidades hay que conseguir dinero. El dinero se consigue trabajando. Y el único trabajo que existe es "ayudar a otros con sus necesidades". ¡Aquí vamos!

Gracias a las necesidades, existen las oportunidades. "Donde hay necesidad, hay oportunidad". ¡Si lo entendió, mientras más necesidades, más oportunidades! Donde hay personas hay necesidades y allí están las oportunidades. La Biblia dice que la salvación del mundo depende de que haya muchas personas inteligentes.

Significa que la riqueza de un país depende de que haya muchas personas educadas. En este caso podemos poner un ejemplo: el nivel de analfabetos de Los Estados

Unidos de Norte América, comparado con la Republica de Haití. Mientras que Estados Unidos tiene su nivel de analfabetismo en un nivel positivo, Haití lo tiene en un nivel negativo. "Esta información es una idea para referencia: estos datos pueden cambiar constantemente".

"Donde hay personas hay necesidades y, allí están las oportunidades".

Esto significa que, más del 96% de la población estadounidense tiene suficiente información. Por ejemplo: en Haití, menos del 40% de sus habitantes están (financieramente educados). Mientras que el ingreso per cápita de "EEUU", es de $42 mil dólares al año, en Haití; ese mismo ingreso es de $400 dólares. Claramente, esta comparación es de "EL PAIS MAS RICO VS. EL PAIS MAS POBRE", del continente americano. Por eso, la salvación del mundo "y de un país", dependen del tipo de

Ayudando a Pescar Oportunidades

información que tengan sus ciudadanos, en el caso que aplica: me refiero a educación financiera. Estas estadísticas son aproximadas, tomadas de recientes publicaciones, 2010.

Quiero recordar que <u>la verdadera riqueza es el conocimiento</u>. En el libro de los proverbios (en la Biblia) dice esto: Yo doy riqueza y honra, grandes honores y prosperidad. "Prov. 8:18". Desde luego, estoy hablando del conocimiento puesto en acción, porque el que aprende y pone en práctica lo aprendido, se estima a sí mismo y prospera. (Prov. 19,8)

Cuando se dice que "EEUU" es el país de las oportunidades, claramente se están considerando todas las facilidades existentes, pero aun así tenemos millones de personas viviendo en el país de las oportunidades y no logran aprovecharlas. La diferencia más notable es, la actitud de sus ciudadanos. Mientras más educados sean sus ciudadanos (mayores serán las oportunidades), porque una familia que gana lo suficiente crea oportunidades para otros, esto es debido a que pueden pagar por muchos servicios que no pudieran pagar, si no consiguieran esos ingresos.

En un país pobre, la mayoría de sus habitantes tienen una actitud de bajos ingresos y por eso, menores son las oportunidades. Por ejemplo: el que tiene, paga para que le arreglen su automóvil, creando oportunidades para quien se dedica a dar esos servicios. El que no tiene suficiente, si se le daña el automóvil, lo arregla él mismo… quitándole la oportunidad al mecánico.

En conclusión: todas las personas tienen la oportunidad de suplir sus necesidades, esto se hace ayudando a otros con sus necesidades. "La única oportunidad que usted tiene para conseguir lo que desea es, aprendiendo a solucionar necesidades". De igual manera, si un país es considerado pobre, sus gobernantes también lo son… a un nivel diferente. Si los dirigentes no saben cómo reducir la pobreza, es porque ellos también necesitan NUEVAS IDEAS que produzcan el cambio. Si saben cómo hacerlo y no lo hacen, eso es igual a ser pobre.

"Mientras más personas hayan en este mundo, más necesidades. Mientras más necesidades, más oportunidades".

Es tan pobre el que sabe algo y no lo hace, como el que no hace algo, por no saber cómo...

Mientras más personas no puedan suplir sus necesidades, por no saber aprovechar las oportunidades; más necesidades hay, y eso multiplica las oportunidades.

Mientras más informada esté la persona, mayores son sus oportunidades. Cada vez que usted aprenda algo, se abre ante usted una nueva oportunidad. A partir de ahora, se abren ante usted nuevas oportunidades por las NUEVAS IDEAS que   ahora se revelaran ante usted. Cada vez que usted se levante en la mañana, (está) ante un mundo de oportunidades. "La crisis financiera mundial nos está mostrando que estamos ante la oportunidad de mejorar lo que esté en nuestro deseo de mejorar". ¡Bienvenidos al paraíso!

"La única oportunidad que usted tiene para conseguir lo que desea es, aprendiendo a solucionar necesidades".

Las oportunidades están en todas partes. "Ellas circulan como el aire que respiramos".

Ayudando a Pescar Oportunidades

"PROBLEMAS Y OPORTUNIDADES"

No pretendamos que las cosas cambien si siempre hacemos lo mismo. La crisis es la mejor bendición que puede sucederle a personas y países porque la crisis trae progresos.

La creatividad nace de la angustia como el día nace de la noche oscura. Es en la crisis que nace la inventiva, los descubrimientos y las grandes estrategias. Quien supera la crisis se supera a sí mismo sin quedar superado. Quien atribuye a la crisis sus fracasos y penurias violenta su propio talento y respeta más a los problemas que a las soluciones.

<u>La verdadera crisis es la crisis de la incompetencia. El problema de las personas y los países es la pereza para encontrar las salidas y soluciones.</u>

Sin crisis no hay desafíos, sin desafíos la vida es una rutina, una lenta agonía. Sin crisis no hay meritos Es en la crisis donde aflora lo mejor de cada uno. Porque sin crisis todo viento es caricia. <u>Hablar de crisis es promoverla</u>... y callar en la crisis es exaltar el conformismo.

En vez de esto trabajemos duro. Acabemos de una vez con la única crisis amenazadora que es la tragedia de no querer luchar por superarla.

Albert Einstein.

Ayudando a Pescar Oportunidades

Ayudando a Pescar Oportunidades

I

AL NACER

Cuando una persona llega al mundo, nace con necesidades básicas: necesita "COMER, BEBER Y VESTIR". También necesita un techo donde vivir, entre otras cosas. Aparte de una cantidad ilimitada de cosas que hoy las hemos convertido en necesidades básicas. Por alguna razón, el hombre fue condenado a trabajar con el sudor de su frente para ganarse el pan de cada día, y cualquier cosa que necesite para vivir. La mayoría de las cosas que necesita el ser humano está en manos de otras personas y por tal razón esto cuesta dinero.

¡De Ahí Que El Dinero Sea La Cosa Más Buscada Por El Ser Humano!

Necesitas dinero para poder comprar todo cuanto consume, y la única forma de producir dinero es trabajando. Pero gracias a Dios, el único trabajo que existe es ayudar a los demás.

"Ayudamos a los demás, cuando trabajamos para una persona o, cuando una persona trabaja para nosotros".

"Ayudamos a los demás, cuando compramos y vendemos productos y servicios".

"Ayudamos a los demás, cuando repartimos nuestro dinero con miles de personas que ni siquiera conocemos".

Por lo tanto, el trabajo de un Policía, un Bombero, un Taxista, un Político, un Religioso, un Médico, un Ingeniero, un Comerciante, etc. Su trabajo es el mismo: AYUDAR A MÁS PERSONAS.

Quieres decir que el único trabajo que hay en todo el mundo es el mismo, y por eso, ayudar a los demás es: ¡LA LEY UNIVERSAL DE LA PROSPERIDAD! "Gracias a esta ley, todo el mundo tiene trabajo". Y pensar que teniendo trabajo, el hombre –parece no querer trabajar-. Esto sucede porque la mayoría no sabe que tiene uno… ¿Podríamos creer que siendo el hombre la máxima creación de Dios, nos haya creado con necesidades básicas pero -SIN DARNOS un trabajo- para satisfacerlas? ¡Pues no es así! La Creación fue completa y esto lo dice el Rey Salomón. ¡Dice que el hombre fue hecho perfecto, pero que él mismo se ha complicado la vida! "Eclesiastés 7:29".

Conociendo Dios al hombre, le llama perezoso porque aun teniendo trabajo (a veces) no quiere trabajar. La buena noticia acerca del trabajo es que éste, nos da garantía de que podremos vivir en sociedad como vivimos, porque nuestro trabajo es cuidarnos unos a los otros.

Imaginemos (sólo por un momento) que Nuestro trabajo sea ¡el quitárselo uno al otro!

Por suerte, esto no es así: aunque unos pocos así lo hayan entendido. Dios nos hizo con necesidades básicas, pero esto fue así para forzarnos a trabajar. Quiere decir, que nuestro trabajo está garantizado gracias a las necesidades básicas: ¡Ya saben cual!

La única forma de producir dinero para satisfacer estas necesidades es ayudando a otros a satisfacer "SUS" necesidades. Déjenme

Ayudando a Pescar Oportunidades

explicarlo, las personas no fuimos creadas para vivir solas…

"Una persona con todo el dinero del mundo, pero que no pueda compartirlo con otros es una persona infeliz, ni su vida ni el dinero tendría sentido".

"Si no ayudamos a otros a ser felices, no seremos felices. Si no ayudamos a otros a ser prósperos, no seremos prósperos".

¡Dar & Recibir! (LQI).

Cuando un niño/a nace, sus padres deben asumir toda la responsabilidad de buscar el dinero para satisfacer sus necesidades básicas, y ese compromiso se extiende hasta que ese niño o niña cumpla su mayoría de edad. "Recordemos que en todo el mundo, la mayoría de edad está comprendida entre los 18 y 21 años". Este compromiso de los padres con los

Ayudando a Pescar Oportunidades

hijos incluye sus necesidades básicas: alimentos, educación, salud, etc.

Todos sabemos que los padres hacen "todo lo posible" para darle al hijo lo mejor, pero lo mejor que los padres les dan a sus hijos, fue lo mejor que ellos recibieron cuando también eran niños. Si nos fijamos en el estilo de vida que lleva cada persona, nos daremos cuenta del tipo de información que antes recibió. A la información que me refiero en el ejemplo anterior es, a la (Educación Financiera), que es la que hace la diferencia, comparada con la educación tradicional, que nos dice: "ve al colegio, saca buena nota, consigue un certificado y búscate un trabajo". Como lo explica el autor del libro: Padre Rico, Padre Pobre; el Sr. Robert Kiyosaki.

Por lo tanto, nada ni nadie puede garantizar que un niño esté recibiendo la información apropiada si después de cumplir la mayoría de edad, "éste joven" continúa sin entender y poner en práctica lo aprendido: su trabajo. Como a la mayoría de los padres nadie les dijo (cuando eran niños), que tenían su propio trabajo; pues así educamos a nuestros hijos y eso es lo que ahora tenemos: una sociedad con muchos desempleos y como consecuencia, con mucho trabajo. Por lo tanto, quien busca trabajo (posiblemente no sepa) que ya tiene uno. Quien busca un empleo (debería saber) que tiene un trabajo y, parte de ese trabajo es, emplear su tiempo y conocimientos, *PARA SERVIR A LOS DEMÁS.*

I.I EL TRABAJO DE UN NIÑO

El niño NO necesita emplearse para ganarse el pan de cada día, puesto que sus padres son responsables de proveerles esas cosas. Desafortunadamente, esa no es la realidad de millones de niños... que no son respaldados por sus padres, pero el trabajo del niño es ayudar a sus padres en el hogar: por lo menos, es conveniente acostumbrarlos a creer esto, para irles creando el hábito de servicio, además de ir al colegio. El niño debe ser enseñado a solucionar sus problemas y decirle cuáles son sus responsabilidades. Sin embargo, el niño crece mirando a sus padres pasando trabajo y eso es lo que perciben como normal.

Si hacemos duplicable la pobreza, estamos construyendo pobreza... Esto me recuerda un canto que aprendí cuando estaba en la escuela, dice: "mirar para arriba, mirar para abajo, mirar mi maestra pasando trabajo".

Algunos hijos se han llenado de valor y se han convertido en verdaderos héroes; asumiendo la responsabilidad de cambiar su situación de pobreza, pero buscando la información fuera del hogar, puesto que algunos padres no saben cómo solucionar -y menos enseñar-. Si los padres no son hábiles para suplir las necesidades de la casa, el niño aprenderá eso mismo.

El padre dice que la situación está mala, porque así percibe el mundo. Su hijo dice que las cosas están malas porque su padre dice que lo está. El padre no logra salir de la pobreza porque, está esperando por un mejor gobierno o, esperando que Dios le ayude. En consecuencia, el hijo hereda la pobreza que su padre le deja: con el sudor de su pereza.

Los niños deberían comenzar a practicar estrategias de negocios desde que aprenden a caminar y prácticamente desde que aprenden a hablar… ¿Pero quién les está enseñando? Algunos de nosotros, (como padres) no sabemos manejar el tema, porque aprendimos el mismo proceso: ir a la escuela, sacar buena nota, graduarse y salir a buscar un trabajo: en vez de un empleo, -en el caso que aplique…

Enviamos a nuestros hijos a buscar un trabajo en vez de un empleo, sin decirles cuál es su trabajo… Estos jóvenes aprenden que todos los trabajos tienen en común el ayudar a los demás, pero lo vienen aprendiendo cuando ya están programados para buscar el dinero como la cosa más importante en la vida. Nuestros padres nos hablaron y nos mostraron una alcancía… pero -NO nos explicaron la verdadera razón del ahorro. Ese dinero ahorrado de tal manera no tenía un fin específico; se gastaba en lo primero que se presentaba.

Esta pobre enseñanza nos convierte en adictos al dinero, mientras los pobres viven, trabajan, sueñan y hacen todo lo que hacen "POR DINERO", se satisfacen de decir que no son materialistas. Esto es importante porque decimos que no somos materialistas, pero todo lo hacemos "POR EL DIOS DINERO" y lo peor de todo, después de hacer grandes sacrificios para conseguir el dinero, lo dejamos ir tan fácil que escapa a toda lógica, y hasta resulta incoherente lo que hacemos… luchar por algo que luego no valoramos. ¡Te lo dice la experiencia!

Porque, por un lado dedicamos toda nuestra energía para conseguir el dinero y luego, para demostrar que no somos materialistas, lo dejamos ir: como si eso nos diera alguna satisfacción religiosa... En algunos deportes como por ejemplo "LA PESCA", nos enseñan a competir lanzando el anzuelo para pescar y, después de tener el pescado, la misión se cumple y la regla entonces es "liberar el pez y luego continuamos el mismo proceso".

Mientras el pobre piensa que el rico es materialista, es el pobre el que se comporta como tal. Y luego caemos en la violación de no saber cómo darle -al dinero- un uso inteligente. Déjenme hacer una observación personal de la palabra materialista. Materialista es, -según se conoce- "una persona que le tiene amor al dinero y por lo tanto, hace cualquier cosa por conseguirlo, y retenerlo".

Sin embargo, materialista es también una materia terminada... ¡Una materia lista! Las personas somos materia terminada. Fuimos hechos del polvo... "de materia", y cuando nuestro Creador terminó de hacernos, (me imagino que dijo): ¡LISTA! ¡Esta materia, esta lista! "Este último comentario tiene algo de broma, pero le invito a que reflexiones al respecto".

Nuestro cuerpo está hecho de materia y se alimenta con materia. Así que, todos somos materia-lista... Una cosa es el amor al dinero y otra cosa es el amor a uno mismo. "Es como si nos quisieran enseñar a vivir en el espíritu, descuidando las necesidades materiales". Quien le tiene amor al dinero lo busca día y noche. Todo lo que hace es por dinero, entonces en la búsqueda de ese dinero, desatiende el amor a Dios, ¡el amor así mismo! Y es ahí donde está el problema, las personas terminamos amando eso que buscamos desesperadamente, y que resulta difícil conseguir.

Ayudando a Pescar Oportunidades

"El pobre ayuda a los demás si le pagan dinero. El rico gana dinero porque ayuda a los demás". ¿Puedes ver la diferencia?

Por ejemplo: yo amo a mi familia más que al dinero. Pero le dedico más tiempo a cuidar los intereses de otros –que no son mi familia-, y lo hago por dinero. Yo amo a Dios más que al dinero. Pero no tengo tiempo de ir a la iglesia y cuidarme yo mismo, porque todo mi tiempo lo vendo por dinero. Yo amo a mis hijos y a mi esposa/o, pero ellos deben entender que ando buscando dinero: ¡Para ellos!

"El pobre ayuda a los demás si le pagan dinero. El rico gana dinero porque ayuda a los demás".

Por el otro lado, la familia le dice al hombre: queremos que te quedes con nosotros -pero no te queremos sin dinero… No es que amamos al dinero más que a ti… ¡Es que no podemos vivir sin dinero! Los líderes religiosos - dicen que NO son materialistas, pero siempre te recuerdan traer dinero… Traiga lo que le pertenece a Dios… Si ustedes   -los hijos de Dios- no traen el diezmo, esta iglesia no puede vivir. ¡No somos materialistas -dicen los religiosos, y Dios tampoco lo es: pero no olvides de ponerle algo en el plato, cuando pase frente a usted!

Claro, las iglesias necesitan el dinero (diezmo), para poder mantener los valiosos servicios que ofrecen a las comunidades. Muchas personas llegan a sentirse culpables de no poder cooperar con su iglesia, y algunos se quedan sin el dinero para sus necesidades básicas…

En la misma Biblia nos habla del denario y dice que el reino de Dios es como un hombre que se va de vacaciones y les deja su dinero -a sus empleados. Dice que a uno le dio Cinco mil, al otro le dio Dos mil y, al tercero le dio Mil.

"Aclara diciendo que a cada uno le dio conforme su capacidad".

Cuando el dueño del dinero regresó, preguntó a cada uno: ¿Qué hicieron con mi dinero? El que recibió los 5 mil lo invirtió y lo mismo hizo el que recibió los dos mil. Ambos multiplicaron el dinero. Sigue diciendo la parábola: que el dueño del dinero se alegró y les llamó **<u>buenos empleados</u>** ¡y les invitó a celebrar! También ordenó, que se les diera más porque "estos dos" sí saben administrar…

En otra palabra: el dinero debe ser sometido a producir, a multiplicarse. Y es que hay un secreto en todo esto, para multiplicar el dinero.

El secreto es: que esto sólo es posible, ayudando a muchas personas. Más adelante mostrare lo que están haciendo miles de personas (en todo el mundo), a través de UNA

45

IDEA INTELIGENTE: ¡La Republica de My Bank Reserve!

En cambio, al empleado que inicialmente recibió Mil, no hizo lo mismo porque no lo invirtió. Y estas fueron las palabras de enojos, del dueño del dinero: (mal empleado), por lo menos hubiera puesto mi dinero en el banco, donde me hubieran dado los intereses… ¡Quítenle el dinero y échenlo fuera de aquí! Porque al que tiene se le dará más y, al que no tiene: hasta lo poco le será quitado.

De esto se entienden cosas importantes: ¡que la misma Biblia dice que Dios es el dueño del oro y la plata! Dios no es materialista… "Pero es el dueño del oro y la plata". Mi opinión personal es que uno termina amando las cosas que no tenemos, pero que sí necesitamos. Fíjense que no terminamos amando a una persona hasta que no la necesitamos… esto explica el porqué el pobre termina amando el dinero aún cuando para no admitirlo, se deshace del mismo, de manera desinteresada, después de tenerlo: incluso desde antes de conseguirlo.

Pienso que para Dios evitar que las personas "SE MATEN" uno con el otro… ¡nos dejó saber que el oro y la plata le pertenecen! Y son de Dios, porque las personas nacen sin eso, y mueren y se van sin oro ni plata. Sin embargo, Dios permite que "EL HOMBRE SABIO" le administre la riqueza con la única condición de que la adquiera legalmente, y la única forma de hacer esto es: trabajando con el sudor de su frente y esto, claro está, sólo es posible ¡AYUDANDO A LOS DEMAS! Se entiende de esto último, que Dios bendice con abundancia a las personas ¡que hacen su trabajo con amor!

"Definitivamente, todas las personas tenemos la misma oportunidad de progresar, si cada uno tuviéramos la misma cantidad de dinero: (pero) la diferencia lo haría, la educación financiera; la información que cada uno tenga respecto al uso del mismo".

¿Usted usa el dinero… o el dinero lo usa a usted?

Vemos en el ejemplo del denario que (la persona que no sabe invertir) y multiplicar el dinero: lo pierde, y eso es automático. "<u>Si no lo invierte, no podrá retenerlo porque tus gastos diarios te lo quitan</u>". O sea, que es la misma ley universal la que ¡LE QUITA Y LE DA a las personas! Dependiendo el uso que cada uno le dé al mismo.

Para terminar con este -ejemplo bíblico-, aprendimos que el amor al dinero es malo porque quien se enamora del dinero se olvida de las cosas más importantes, y la principal de ésta es la familia. La otra es que quien ama el dinero hace cualquier cosa para conseguirlo… y eso incluye arriesgar su vida y la del prójimo. Y podemos citar el hecho de que quien ama el dinero lo retiene, lo guarda y no es generoso porque no lo comparte con otros… Aclarando que cuando uno invierte el dinero estás ayudando a otras personas y, ése es nuestro trabajo. El éxito está, en hacer bien nuestro trabajo: ¡ayudar a la mayor cantidad de personas posible! *En algunos países, el gobierno les cobra más impuestos a las personas que acumulan el dinero y "no lo invierten".*

La clara intención del gobierno no es cobrarle más impuestos: la idea es forzar al que tiene, para que invierta,   porque al hacerlo, estás ayudando a más personas y, el gobierno recibe mayores ingresos: ¡si más personas están produciendo! No siendo los impuestos el objetivo, sino, ayudar a más personas.

Nuestros hijos son tentados a hacer cualquier cosa por dinero... porque (no les enseñamos a pescar), antes de que ellos lleguen a la edad productiva. Entonces se ven motivados a quitárselo a otros... ese otro son sus propios padres, quienes se ven obligados a mantener a sus hijos (económicamente hablando), más allá de los 21 años. ¿Conoce usted personas así?

Las personas después de adultos, tienen más probabilidades de "PECAR por dinero", si no le enseñamos a "PESCAR el dinero".

II

RESPONSABILIDAD
DE LOS PADRES

Nadie tiene dudas de que cada padre les da a sus hijos lo mejor. Con la enorme diferencia de que "uno le da riqueza y otro le da pobreza". El padre rico dará lo mejor de su riqueza, que es información de alto nivel. El padre pobre le dará lo mejor de su pobreza, que es información de bajo nivel. Ambos padres están haciendo un buen trabajo, pero cada uno da lo mejor de lo que tiene; como dice la Palabra de Dios: lo que tengo ¡eso doy!

El hijo del rico está informado por sus padres, sus profesores, sus amigos y los canales de información a los que están expuestos. Lo mismo es con el hijo del pobre… ya sabe usted los resultados de cada uno. Esto que estoy diciendo no es nuevo, todas las personas "bien informadas" lo saben. Lo explica Robert Kiyosaki, autor del libro: Padre Rico, Padre Pobre. La forma como este autor lo explica es lo que me ayudó a entender el asunto. Más adelante les hablo sobre Kiyosaki.

Gracias a la Internet y a los cada vez más canales de información GRATUITOS, la verdadera riqueza está al alcance de todos (los que se interesen por buscar algo mejor en la vida). <u>La Biblia dice que la salvación del mundo depende de que hayan muchos sabios</u>: "Sabiduría 6:24-25". Esto aplica a cada familia. "LA VERDADERA RIQUEZA ES EL CONOCIMIENTO". Este se adquiere a través de la información. La información es totalmente gratis y se encuentra tan cerca de TODOS, que sólo se necesita (un cambio de actitud) para poder identificarla y sacarle provecho.

Así que, siendo el conocimiento la verdadera riqueza, el mismo se consigue a través de la información, pues la verdadera riqueza se materializa "cuando la buena información se pone en acción". Este trabajo tiene como propósito el poner estas informaciones al alcance de todo aquel que esté decidido/a, a trabajar por un mejor estilo de vida. Los padres debemos motivar a los hijos, ¡buscando la información y poniéndola en acción!

Ya es tiempo de buscarle solución a los problemas, porque no deberíamos seguir haciendo lo mismo y esperar resultados diferentes. Si la tradición ha sido de: estudiar, trabajar, cobrar y gastar. Y luego el mismo proceso: estudiar, trabajar, cobrar y gastar… A este ciclo le podemos agregar dos pasos muy importantes: estudiar, trabajar, cobrar, AHORRAR E INVERTIR, gastar y entonces sí, volvemos a trabajar… porque ahora estamos agregando el ciclo del "ahorro y la inversión".

Los hijos siempre desean estar orgullosos de sus padres y cuando ven que el padre "está leyendo, estudiando, ahorrando e invirtiendo" entonces, es posible que ellos hagan lo mismo. Pues entonces, "vamos a motivarlos con el ejemplo". Los padres necesitan aprender, practicar y enseñar ¡con el ejemplo! a sus hijos, lo siguiente:

1) Que todos nacemos con necesidades básicas y que necesitamos dinero para satisfacerlas.

2) Que todos nacimos con un trabajo, y haciendo ese trabajo es como se produce el dinero para pagar por todas las cosas que usamos.

3) Que su trabajo es ayudar a los demás y esto hay que practicarlo desde que nace hasta que muere la persona.

4) Que los padres tienen la responsabilidad de pagar por las necesidades básicas de los hijos hasta que cumplan su mayoría de edad.

5) Que los padres también se comprometen a enseñar a los hijos "estos principios", para que sean independientes cuando cumplan la mayoría de edad: me refiero a "ENSEÑARLES A PESCAR", a producir con sabiduría.

6) Que los hijos deben de pagar por su consumo después de cumplir su edad de adulto, y que si no lo necesitara: por lo menos ya debe saber (en la práctica), cómo producir ingresos.

Consumir productos y servicios no es una opción: es una necesidad... lo mismo aplica al trabajo. Trabajar no es una opción. El trabajo bien hecho produce doble satisfacción, como el trabajo es ayudar a los demás, esta práctica genera satisfacción individual y también es como se produce el dinero que necesitamos para comprar las cosas que nos permiten vivir en este mundo, en el mejor de los casos, como todos merecemos.

Algunos padres les damos el pescado a los hijos sin la total conciencia de saber, si estamos haciendo lo correcto. Los hijos aprenden que los padres están en la obligación de darles todo, pero sin el compromiso de hacer nada a cambio. Realmente, enseñar a pescar a los jóvenes es una tarea en equipo que involucre a todas las personas que organizadamente influyen en la formación del carácter y actitudes de los jóvenes. Por lo tanto, en el hogar y en las escuelas, en las iglesias o a través de la radio y la televisión; también los programas de Internet. Todos (deberíamos) estar involucrados en promover una nueva actitud de prosperidad y abundancia.

Esta nueva actitud estaría determinada (a poner de moda), enseñar a todos a pescar, usando la ley universal de la prosperidad, que es: AYUDARNOS UNOS A LOS OTROS. Porque esta ley no sólo nos asegura prosperidad, también nos da seguridad, y en definitiva, si ayudar a los demás es mi trabajo, tampoco voy a conspirar para hacer lo contrario, porque eso chocaría con los principios. Si hacemos eso, entonces tendremos un mundo más próspero y ¡MENOS VIOLENTO!

Ayudando a Pescar Oportunidades

"La ignorancia produce pobreza y ésta produce estrés. El estrés produce violencia. La violencia se combate con información, y ésta produce abundancia; con la cual podemos reducir la violencia".

The Most Wanted Game

III

RESPONSABILIDAD
DE LOS HIJOS

Los hijos saben que tienen responsabilidades. Desde muy pequeños saben que deben ir al colegio y también hacer sus tareas. Saben que deben limpiar sus áreas donde duermen y saben que deben respetar a los adultos. Saben que hay cosas que no deben hacer. Saben mentir y saben cómo sacar provecho de sus padres... Saben que un día se casaran, que tendrán hijos, que deben ayudar en la casa.   Saben que hacer el bien tiene su recompensa y saben que hacer el mal tiene su castigo.

Aparentemente lo saben todo. ¡Entonces, todo debería marchar de maravilla! Los hijos saben que ir a la escuela y sacar buenas notas y un día graduarse, les permitirá ganar dinero y comprar todo cuanto sueñan. Quiero decir, nuestros hijos saben tanto que estas explicaciones podrían estar de más… pero hay un problema: si lo saben todo, ¿por qué les resulta tan difícil salir adelante? "En el caso que aplique". Hay personas que le da miedo hablar del tema -de salir de la pobreza… pero sí nos interesa ganar suficiente dinero, para solucionar sus problemas.

"Salir de la pobreza no es una opción… ES UN DEBER. La mentalidad pobre es la causante de todos los problemas que mantienen al mundo preocupado; daña el medio ambiente, provoca las guerras, las enfermedades y la violencia".

Ayudando a Pescar Oportunidades

Por lo menos, esta es la realidad "y es ella la que dice que falta algo" en las informaciones que están recibiendo nuestros hijos. Los hijos se saben de memoria el himno nacional de su país. Pero no saben cómo conseguir el dinero que ellos necesitan para cubrir sus necesidades; especialmente cuando ellos ya tienen la edad -de poder comprar– las cosas que sus padres no les pueden dar.

De tal manera, los hijos tienen responsabilidades en su casa, con sus padres y otros familiares, también en todas partes donde ellos interactúan. Estas responsabilidades son enseñadas por sus padres y por los profesores de éstos, porque es donde los hijos se pasan la mayor parte del día, durante su crecimiento. ¿Pero quién les enseña estas cosas a los hijos? ¿Sus padres? ¿Sus profesores? ¿Sus vecinos? ¿La televisión? Estamos realmente preparando nuestros hijos para que sean exitosos...

Ayudando a Pescar Oportunidades

¡Como van las cosas, la tendencia es hacer "más prisiones y hospitales", a menos que les enseñemos a PESCAR, antes de que caigan en la tentación!

La Biblia nos recuerda que el hijo de Dios, fue sometido a prueba   (ANTES) de que iniciara su primer trabajo. "San Mateo 4:12". ¿Quiénes están probando nuestros hijos antes de iniciar su primer trabajo? Claro, Jesús sabia cual era su trabajo; pero ¿saben nuestros hijos, cual es su trabajo? ¿Nuestros padres lo saben?

En mi opinión, debemos crear y forzar una ley que además de enseñar a los niños para que se aprendan de memoria el himno nacional de su país, que tambіén aprendan que cada persona, cada niño nace con necesidades básicas y que estas cosas se satisfacen haciendo su trabajo y, que ese trabajo es ayudarse uno al otro: ¡ayudar a los demás! Y DEJARLES SABER QUE ESTA ES UNA LEY UNIVERSAL.

Ayudando a Pescar Oportunidades

Comenzando esto desde que el hijo comienza la escuela… y una vez terminada la primaria, agregar tareas y ejercicios que los conecten con la "ACCION PRACTICA", de lo que realmente significa -HACER EL BIEN-. Los hijos deben y tienen derecho a entender el porqué nacieron con necesidades básicas y explicarle el porqué ayudar a los demás es su trabajo.

Tienen derecho de APRENDER y entender que en la vida hay etapas de responsabilidades y que desde que nacen, y hasta los 18-21 años, hay una tarea por cumplir y, que después que el hijo se hace independiente, se inicia otra etapa de responsabilidades, y todas ellas están directamente conectadas "CON LA MISIÓN" de ayudar al prójimo.

Necesitamos recordarles a nuestros hijos que tienen derecho a ser felices, que la felicidad consiste en dar, porque uno es feliz cuando da. ¡Usted sólo es feliz si da! (Cuando da). También

Ayudando a Pescar Oportunidades

es buena idea enseñarles el verdadero significado de la generosidad.

Debemos enseñarles UNA ACTITUD GENEROSA, que esto significa compartir con los demás lo que se tiene, porque, (uno genera cuando da), mejor dicho: generosidad es igual a compartir. Cuando uno da, está generando. De este modo, esto le da sentido a la prosperidad.

Se prospera cuando se da. ¡Prospera y da! Cuando se es generoso, significa que está dando. Si está dando, está generando situaciones… y eso significa que alguien está prosperando. El que genera da. El que prospera (da) y todo esto son señales de prosperidad, también produce felicidad, ¡porque mi trabajo es ayudar a los demás, y esto me produce felicidad!

Lo que estoy explicando es que los hijos crecen y aprenden casi todo por lógica… Ellos no están recibiendo esta enseñanza de sus padres porque –en el caso que aplique-, algunos padres tampoco manejamos con práctica estos principios. No lo aprendimos del todo: "tal vez lo olvidamos".

Es por eso que desde ahora, y aunque siempre ha sido así, los padres y TUTORES (de los niños) debemos aprender y poner en práctica "LA LEY UNIVERSAL DE LA PROSPERIDAD", para que podamos cambiar los actuales resultados de miseria, que siempre conducen a la violencia familiar... y que muchos no saben que está afectando a más de mil millones de personas en todo el mundo. "Datos oficiales de las Naciones Unidas", 2010.

Debemos comenzar con los adultos porque ellos son los responsables de darles los primeros auxilios –informar–, a los menores de edad. Yo presencié a un profesor (con 15 años de experiencia), decirle a un niño estudiante de 8 años de edad: mira muchacho del demonio... tú estás poseído por el mal... y acto seguido sonarle un par de golpes.

A uno de mis hijos, su profesora le dijo que no serviría de nada en la vida... No siendo esto suficiente ni nada nuevo, puesto que a muchos de nuestros grandes inventores, lo despidieron de la escuela porque sus profesores dijeron que (prácticamente), no tenían futuro.

Desde luego, esos niños que al principio fueron juzgados, terminaron siendo buenos inventores y científicos: los más prominentes que conoce nuestra historia, pero esa no ha sido la suerte de millones de niños que están siendo maltratados y mal informados... por sus propios padres y profesores (que a su vez, están mal informados).

Así que, podemos "Y PERSISTO" tenemos que crear un nuevo código de ética y cada país elaborar su propio himno donde aparte del himno patriótico, MEJOR INFORMEMOS a la presente y futura generación, "CON VALORES UNIVERSALES" como lo es la responsabilidad, integridad, la honestidad, la humildad, la fe, la paz, el amor al prójimo, y MUY IMPORTANTE, el cuidado al medio ambiente.

Los jóvenes deben ser conectados directamente con acciones humanitarias. Pero no sólo diciéndoles que hacer el bien es parte de una actividad caritativa... MÁS QUE ESO. ¡Dejándoles saber que ese es su trabajo y, que esa es la forma correcta de hacer los sueños realidad! "Mi trabajo es ayudar a los demás. Esta es la única práctica que me produce PAZ, prosperidad y felicidad"

Mi trabajo es ayudar a los demás. Esta es la única práctica que me produce ¡PAZ, amor, prosperidad y felicidad!

"Larry Queza Internacional".

IV

MUNDO DE COMPRA Y VENTA

En algunos países, la palabra Compraventa está relacionada con una forma de negocio. Es una casa de empeño. Aquí se traen artículos de algún valor y la empresa lo retiene, a cambio de dar una suma de dinero que, por lo regular: equivale a una cuarta parte del valor real del artículo.

Realmente en este negocio no se compran las cosas... se empeñan y eso es una forma de compra. Si el dueño del artículo no regresa el dinero que le prestaron –más los intereses–, dicho artículo será vendido al mejor postor.

El Planeta Tierra es el único mundo que todos conocemos, el mismo está compuesto por 198 países (aproximadamente). Aquí vivimos más de 6,500 Millones de personas -2010-. Sin importar el idioma o la situación política o religiosa de cada uno, todas las personas tenemos en común: "<u>Las necesidades básicas, nuestro trabajo y 24 horas para vivir</u>". Otras cosas nos hacen iguales, pero este capítulo pretende enfocarse en el porqué vivimos en un mundo de compra y venta.

Estos 6,500 Millones de personas, necesita comer, beber, vestir y una casa donde vivir. Para obtener estas cosas, hay que comprarlas, y esto se compra con el dinero que producimos al hacer nuestro trabajo. De tal manera que, tenemos al mundo entero comprando y vendiendo. Solo imaginarse este comercio, escapa de nuestra imaginación… ver a miles de millones de seres humanos, comprando y vendiendo cosas para satisfacer sus necesidades básicas, eso incluye: las necesidades que nos hemos creado…

Cada día se realizan "millones de transacciones comerciales que mueven toda la riqueza del mundo". Pero lo más impresionante de este enorme mercado es que, no obstante a que todos estamos participando, solo se están comprando y vendiendo dos cosas: ¡PRODUCTOS Y SERVICIOS! "Todo el dinero del mundo se hace y se multiplica, comprando y vendiendo". No existe otra forma… Si no compra "no aprende". Si no vende "no ganas".

"Si no compra, no aprende"
"Si no vendes, no ganas"

¿Por qué quiero llamar su atención en este punto? Porque usted y yo, somos parte de este gigantesco mercado. ¡Aunque no estemos sacando el máximo provecho del mismo! Muchas personas "NO VIVEN MEJOR", porque no les gusta vender… y no les gusta vender porque no les enseñaron.

Si usted es unas de las personas que dicen que no le gusta vender… entonces no estás solo/a. Millones de personas no están produciendo riquezas (y peor todavía), están viviendo una vida de miseria… porque no están vendiendo al máximo, lo que están supuestos a vender.

Entendemos que un vendedor es una persona que luego de ser entrenada por una empresa, "le vendrá a tocar su puerta" para inducirle a comprar lo que usted seguramente no necesitaba… Esta imagen del vendedor nos dice que no queremos ser así, y por eso optamos por estudiar y hacer cualquier cosa que no se parezca al vendedor tradicional…

Ayudando a Pescar Oportunidades

Sin embargo "CON UNA NUEVA ACTITUD POSITIVA", estas informaciones le pueden ayudar a sacar provecho del negocio. ¿Cómo lo haremos? Como usted vive en un mundo de compra y venta, se pasa la vida comprando y vendiendo... Desde que nace, sus padres comienzan a comprar productos y servicios para satisfacer las necesidades con la que usted nació.

Estos productos y servicios le van formando como persona, y eso incluye la educación. Estas informaciones, se van almacenando en la mente del estudiante y, cuando ese estudiante llegue a su mayoría de edad, ¡se acuerda! Se supone que debe comenzar a vender los productos y servicios que le han dado la fuerza física y la inteligencia espiritual.

Todo lo que hay que saber y hacer es: aprender y ponerse al servicio de los demás; es así como se comienza a recuperar todo el dinero

Ayudando a Pescar Oportunidades

que su familia y el estado invirtió: comprando productos y educación, ¡PARA USTED! Esto es lo que cada persona debe continuar haciendo por el resto de sus días.

Para reforzar esto, miremos lo que dice la Biblia: "El que aprende y pone en práctica lo aprendido, se estima así mismo y prospera", (Prov. 19:8). Se entiende entonces, que una etapa de la vida es para invertir y la otra es para sacar beneficio: PARA VENDER. Para los padres, su mayor empresa son los hijos.

Imagínese a una pareja de esposos que en vez de tener hijos, deciden ahorrar e invertir su dinero, en una empresa que le promete comenzar a darle los intereses, después de los 20 años. Pero después de pasado este tiempo (ahorrando e invirtiendo), la empresa no le quiere pagar: diciendo que la situación está muy mala. ¿No se parece éste al drama de una familia que cuando el hijo llega a los 20 años de edad, le dice –a sus padres inversionistas– que no sabe dónde conseguir un empleo, "porque NO ENCUENTRAN UNO, y porque la situación está mala"?

Una empresa tradicional, te exige que inviertas y luego comienzas a recibir los intereses. La tierra se siembra y luego da los frutos. En un empleo, primero usted trabaja y después le pagan... "Nada de esto trabaja al revés". Si después de invertir tanto dinero en levantar una empresa, la misma no le deja beneficios, la inversión habría sido un fracaso.

Si después de sembrar la tierra, un mal tiempo daña la cosecha, la inversión en tiempo y dinero, habría sido un fracaso: ¿Se entiende la idea? Y qué decir de unos padres que usen todos sus ahorros y 20 años de tiempo para alimentar y educar a un hijo... y luego de que el joven alcanza la edad productiva, ¡ENTONCES NO PRODUCE! Se conoce como -MALA INVERSIÓN- el poner tiempo y dinero en algo que luego no dejara beneficio a la sociedad: a través de ti.

Eso aplica a cualquier actividad empresarial. Ahora bien, la inversión que los padres hacen para levantar su empresa (hijos), debería darle los frutos y esa es la esperanza: de que un día, los viejos van a vivir del ahorro, y parte de ese dinero debe venir de su empresa, que en este caso son los hijos.

Para reforzar lo anterior: una persona que después de llegar a su mayoría de edad no sepa qué hacer para ganarse el pan de cada día: con el sudor de su frente, como lo dice la Biblia en "Génesis 3:19". Este ejemplo termina en pobreza. La pregunta del porqué no produce una persona que ya superó la mayoría de edad, no solucionaría el problema, a menos que la pregunta sea para aprender y actuar.

La solución es enseñarles "A PESCAR", a producir. Para todos es saludable entender que participar abiertamente en el mayor y más antiguo mercado de valores, es la única forma de producir abundancia. Y la única forma de participar es COMPRANDO Y VENDIENDO, productos y servicios: ayudando a los demás.

Cuando compra "AYUDA" Cuando vende "TE AYUDA". Ayudando, "TE AYUDA" Te ayuda, "AYUDANDO".

Debemos APRENDER A COMPRAR Y VENDER, y en todo momento, los ingresos provenientes de lo que vendemos, deberían ser 5 veces mayores del presupuesto usado para comprar: "esto es sólo un ejemplo". Esto no se logra comprando menos de lo que vende: la idea es comprar todo cuanto queremos y, que lo que vendamos siempre produzca mucho más.

Aprenda a vender y no tenga miedo, hay miles de millones de personas comprando y vendiendo… Aprenda (compre conocimientos), conviértalo en un producto ¡y **véndalo**! Porque a pesar de ser un mercado tan grande, la única cosa necesaria para participar es: hacer su trabajo ¡AYUDANDO A MUCHAS PERSONAS!

Por mi experiencia (en la búsqueda de oportunidades), he encontrado compañías que ofrecen el negocio perfecto… para alcanzar el éxito en la vida. Mi recomendación es que ponga mucho interés en este tipo de empresas que además de decirte que ganarás mucho dinero, te demuestre que también te permitirá conectarte a "un sistema de educación continua". Que te prometa que va a crecer en toda dirección: en lo económico y lo espiritual. Esto lo aprendí del Sr. Kiyosaki, el mismo autor del libro ESCUELA DE NEGOCIOS, y de PADRE RICO, PADRE POBRE.

Si en tal caso, dicha compañía te dice exactamente lo que dice en la Biblia, que la forma correcta de ganar dinero es ayudando a otras personas, entonces tómese el tiempo para conocerla. La mejor referencia sería averiguar cuánto tiempo tiene esa empresa, haciendo lo que están ofreciendo, con buenos resultados... Conozca personalmente a varias personas que estén teniendo esos resultados POSITIVOS y tome una decisión firme: como dicen por ahí tome una decisión, ¡y firme!

Ayudando a Pescar Oportunidades

Ayudando a Pescar Oportunidades

V

LA HORMIGA MÁS RICA DEL MUNDO

Cuando en la Biblia se recomienda al hombre (perezoso), fijarse en las hormigas, me interesé de inmediato en aprender del asunto. Leí que las hormigas trabajan sin excusas y que incluso "sin tener quien las mande ni quien las obligue", ella hace su trabajo y guarda alimentos para los tiempos malos (Prov. 6:6-11).

Como todo un ser humano, a quien el Creador le delegó superioridad sobre todas las cosas que "El hizo"… Me sentí humillado y avergonzado, porque no estaba preparado para aceptar que, (precisamente una hormiga), esté haciendo las cosas tan correctamente, que tenga trabajo y que sus ingresos le alcancen para ahorrar y guardar para los tiempos malos, mientras que yo continuaba sin entender, sufriendo necesidades, incluso aunque trabaje todo el día...

No obstante a mi orgullo, busqué una lupa para espiar a las hormigas… y para mi sorpresa, pude ver una hormiga sentada -frente a su minúscula computadora-. ¡No podía creer lo que estaba mirando! Con todo mi esfuerzo pude ver y anotar la dirección de correo (e-mail) de esa hormiga y lo escribí en mi computadora. Así se podía leer la información: perezososerhumano@hormigarica.com Me pareció muy larga esta dirección de correo electrónico, pero no quise cuestionar porque después de lo que mis ojos estaban mirando: no me convenía dudar.

Por lo tanto, escribí esta dirección en mi computadora y comencé a enviar saludos. ¡Nadie me respondió! Pero pasado un tiempo recibí un mensaje con la dirección antes explicada. Las letras eran tan pequeñas que volví a usar una lupa especial… aquí les muestro algo del intercambio de notas, entre la Hormiga Más Rica del Mundo (como ella se dio a conocer), y quien escribe.

Les advierto no tratar de comunicarse con este correo de la hormiga, el mismo fue modificado para que nadie pueda entrar. Según me dijo la hormiga, cuando ella quiere comunicarse con un ser humano, ella deja ver su correo… pero lo cambia después de esa comunicación… para preservar su privacidad. Realmente -y desde entonces-, no he podido comunicarme más con ella.

PRESTE ATENCION A ESTE DIALOGO:

Ayudando a Pescar Oportunidades

LORA: *Hola, gracias por darme la oportunidad de conocer tus secretos de la prosperidad.*

HORMIGA: *No hay problema, solo te pido compartirlo con todo el mundo, pero no le de mi dirección electrónica a nadie más...*

LORA: *¿Por qué no quieres que comparta tu correo electrónico?*

HORMIGA: *Ya me pasó algo con mi amigo Arkad. "Un amigo que tenía en Babilonia".*

LORA: *¿Te refieres al Hombre Más Rico de Babilonia?*

HORMIGA: *Ese mismo, que realmente, se encontró conmigo al igual que tú "preocupado por ayudar a los demás", y ayudarles a vivir mejor. Me encontró (aunque como notarás, a pesar de que yo tenía computadora), con Arkad me comunique a través de un sueño...*

Ayudando a Pescar Oportunidades

LORA: *¡Entonces el Hombre Más Rico de Babilonia aprendió de ti!*

HORMIGA: *Yo le enseñé porque él hizo lo que le recomendó mi Creador en la Biblia, a buscar sabiduría en mí. Yo le enseñé con el compromiso de que ÉL ENSEÑARA A OTROS: y lo mismo te pido a ti –por este medio–.*

LORA: *Entonces el secreto de la riqueza está en ¡El amor al trabajo, el amor a la lectura, El ahorro y la Inversión!*

HORMIGA: *¡Ya lo aprendiste! Ahora ponlo en práctica para que sientas lo que es vivir bien.*

LORA: *¿En que trabajan las hormigas?*

HORMIGA: *Igual que los seres humanos: ¡AYUDANDO, TRABAJAMOS EN EQUIPO Y NOS AYUDAMOS MUTUAMENTE!*

Ayudando a Pescar Oportunidades

LORA: *¿Hay alguna forma de hacerse rico sin ESFORZARSE y sin ayudar a los demás?*

HORMIGA: ---

LORA: *Hola, estás ahí… ¿dije algo malo? Hola…*

HORMIGA: *Solo los Perezosos piensan conseguir cosas buenas sin ayudar a otros. Sigue los consejos del Hombre Más Rico de Babilonia y luego hablamos.*

LORA: *¿Algunas palabras o consejos para las personas que quieran vivir mejor?*

HORMIGA: *Claro que si, les puede decir esto: La razón por la cual las personas fueron creadas con necesidades básicas, fue para que tengan algo en que usar su tiempo. La razón por la cual su trabajo es ayudarse uno al otro es, para que no se peleen y puedan vivir en paz. Diles que trabajen, que ahorren y que inviertan. Que busquen sabiduría de la que viene de Dios, dile que lean "Proverbios 8, del 1 al 36", y esto te lo estoy recomendando.*

También diles que el éxito de este método es, compartirlo con otras personas, que lo practiquen y enseñen a otros. Diles que el verdadero secreto del éxito es: que el éxito no es un secreto… ¡Hasta luego!

LORA: *Gracias, te prometo que pondré estas ideas al alcance de muchas personas, y que yo mismo pondré en práctica todo esto, para motivar a los demás.*

HORMIGA: *¡Ponte a trabajar, éxito!*

A mi no me quedaron dudas de que, la hormiga se está refiriendo a: el <u>amor al trabajo</u>, el <u>hábito del ahorro</u> y el <u>arte de invertir</u>.

Lo que más me sorprendió de esta comunicación, fue el hecho de que me recomendara leer algo en la Biblia. Como una persona de fe, no me sorprende que las hormigas estén bien avanzadas en eso de tecnología, pues –debo recordarles–, que la historia del Hombre Más Rico de Babilonia, se desarrolló (8 Mil años atrás), ¡y esta hormiga ya tenía computadora!

Pero que también haya leído la Biblia "me puso a pensar". Especialmente porque en Proverbios 8, se describe el verdadero poder de la Sabiduría.

Este dialogo entre La Hormiga Más Rica del Mundo y quien escribe, (se asocia) a la historia del Hombre Más Rico de Babilonia, y como yo conozco esa historia, no fue necesario muchas explicaciones respecto al tema. Así que me veo motivado a explicarle, lo básico del Hombre Más Rico de Babilonia, porque si usted no ha leído o entendido ese libro, ¡le anticipo informaciones de primera! Por favor, no dejes de leerlo.

El Hombre Más Rico de Babilonia es un libro escrito por GEORGE S. CLASON. La historia presenta a una persona que vivía en la pobreza y desarrolló un fuerte deseo por salir adelante. **NOTA**: ahora, después de mi comunicación "con La Hormiga Más Rica del Mundo", puedo entender: de dónde fue que este hombre aprendió estas ideas, para llegar a ser tan rico. De todo esto, lo más importante es que llegó a ser el más rico de Babilonia: según el autor. Hubo un momento donde su país, Babilonia, entró en una recesión económica, y el pueblo se vio sumido en la miseria, después de que todos vivían en abundancia.

"Preste atención para que entienda que esta historia es parecida a la crisis financiera mundial que ahora estamos viviendo".

Ahora bien, como todo un país, el presidente de Babilonia manda a llamar a su canciller y le pregunta: qué ha pasado con nuestra economía, ¿A dónde ha ido a parar el dinero? El canciller le responde, que el dinero dejó de circular porque la gente no sabe usarlo correctamente… y que por lo tanto, "el dinero ha ido a parar a unas pocas manos" QUE SÍ SABEN INVERTIRLO. El presidente ordenó: tráigame esos hombres ricos aquí, y el canciller le dijo: no son muchos… pero le traeré al más rico.

De esta manera llega ante el presidente de Babilonia, el hombre más rico de ese país "El Sr. Arkad". ¡Como le dice la Hormiga Más Rica del Mundo! El presidente le pregunto al Sr. Arkad: ¿Qué es lo que usted sabe acerca del manejo del dinero, que no sabe la mayoría del pueblo? siguió hablando el presidente: (eso que usted sabe) **<u>¿se le puede enseñar al pueblo?</u>**

¿Qué es lo que usted sabe acerca (del manejo del dinero), que no sabe la mayoría del pueblo?

Cuando el Sr. Arkad dijo que sí, que podía enseñarlo ¡el presidente se alegró! y le invitó a que enseñara lo que sabía. Arkad puso esta condición: que le traigan personas ¡QUE QUIERAN SALIR ADELANTE, SALIR DE LA POBREZA! Así fue como el presidente de

Ayudando a Pescar Oportunidades

Babilonia le trajo unas 100 personas calificadas… que se convertirían en profesores, (TUTORES) para seguir enseñando la idea.

El plan era que los primeros, salgan a enseñar a otros y que estos sigan pasando la información. Esto debía continuar hasta que todos (en Babilonia), aprendieran a manejar el dinero con sabiduría. ¡Así fue como Babilonia volvió a ser el país más rico del mundo!

Un punto "RELEVANTE" en esto es: que el Sr. Arkad les enseñó a estos 100 alumnos (en 7 días), "lo que a millones de personas nos toma toda la vida: si aprendemos".

**¡Lo que me alegra de esta historia es, que hoy en día es lo mismo -incluso más fácil que antes-, (gracias al Internet) y cualquier país "o familia" que ponga estos principios en práctica, alcanzará la riqueza en menos de 5 años!**

Nota:

Como autor de este trabajo y motivado por esta historia del hombre más rico de Babilonia, sueño con INTEGRARME, a promover una "Campaña Universal de Alfabetización Financiera Básica en el Hogar", BASADA EN ESTOS PRINCIPIOS. La idea es que todos tengamos la misma oportunidad, la misma información financiera básica, para producir –con el sudor de nuestra frente– el éxito que deseamos.

Para facilitar que todos tengamos la misma oportunidad, he creado (además de este libro/manual), un juego educativo, para adaptarlo a las oportunidades que ofrece la empresa My Bank Reserve. Al final de este trabajo, encontrara las informaciones necesarias para que pueda ser parte de la mejor oportunidad que JAMAS había existido. Hay una muestra del juego (en miniatura), en la contraportada del libro.

Ideas básicas del libro
"El Hombre Más Rico de Babilonia"

LECCIÓN DEL PRIMER DÍA:

Enseñó la importancia de ahorrar: desarrollar el hábito del ahorro. Sólo con esto, les explicó que una parte de todo el dinero que una persona consigue, debe retenerlo... El profesor Arkad se refería al decir que se debe ahorrar –UN MÍNIMO– del 10% de todos los ingresos; sean dinero que te paguen por tu trabajo, que te regalen, etc.

LECCIÓN DEL SEGUNDO DÍA:

Explicó que la persona que desea cambiar los resultados, debe aprender a vivir con el 90% de sus ingresos. Habla del 90% porque el otro 10% son para ahorrarlo "con el propósito de reinvertirlo: una y otra vez… multiplicarlos, hasta ver los resultados deseados".

LECCIÓN DEL TERCER DÍA:

Aconseja la conveniencia de invertir con sabiduría "todo el ahorro" para que se multiplique, y así puedas avanzar más rápido. Se entiende que ahorrando el 10% de un salario que ya no alcanzaba el 100%, pues el 10% sólo puede crecer si lo invierte una y otra vez, con inteligencia.

LECCIÓN DEL CUARTO DÍA:

Dice que proteja su tesoro (su dinero). Se refiere a invertirlo correctamente. A no caer en tentaciones de tratar de ayudar a todos… refiriéndose a personas que trataran de convencerte, para que le prestes tu dinero. Dice que estés seguro de prestar –si presta–, a personas que puedan regresártelo. Que inviertas en algo que te guste y que conozcas bien. Que busques consejos de personas expertas.

LECCIÓN DEL QUINTO DÍA:

En este punto el "Sr. Arkad", te aconseja tener tu propia casa, porque eso le da seguridad a la familia.

LECCIÓN DEL SEXTO DÍA:

Aquí te están avisando para que "tus ahorros e inversiones" sean suficientes, para que puedas seguir viviendo bien (más allá de haber dejado de trabajar físicamente) y, suficiente dinero para dejarle herencia a la familia. La recomendación es más directa a que se invierta en bienes raíces, porque el valor de estas propiedades se multiplica con el tiempo.

LECCIÓN DEL SÉPTIMO DÍA:

La recomendación de este punto es para continuar estudiando. Leer y adquirir conocimientos que te van a permitir aumentar lo

95

que ya tienes. Dice que es necesario (tener un fuerte deseo) para hacer las cosas, que debe estar bien ENFOCADO/A Y MOTIVADO/A, para que te puedas mover en la dirección del éxito. Por último, aconseja pagar tus deudas y evadir créditos que no puedas pagar.

Lo arriba explicado es un resumen de ese hermoso libro. Pero quiero resaltar que el libro "El Hombre Más Rico de Babilonia", se inicia con un dialogo entre dos amigos y, quien no se identifique con ese dialogo, no le será fácil sacar provecho del libro. Este dialogo narra la historia (de una persona inconforme), con la vida de miseria que hasta entonces estaba viviendo. La inquietud le llegó luego de haber tenido un sueño… donde (él) ¡se miraba viviendo en la abundancia!

Después de ese sueño (revelación), este ser humano, llegó a su lugar de trabajo y no le dieron ganas de seguir haciendo lo mismo que había hecho toda su vida… porque simplemente

Ayudando a Pescar Oportunidades

no miraba los resultados deseados, y que les despertaron luego del lindo sueño. Su mejor amigo llega a visitarle -en su lugar de trabajo- y lo encontró sentado (algo poco común), comenzaron a hablar del asunto y el amigo visitante terminó contagiado (con la nueva VISION que tenía su mejor amigo) -después del lindo sueño-. Así que, juntos decidieron salir A BUSCAR INFORMACIÓN y consejos que les permitiría trabajar con más inteligencia, que les permitiría salir adelante: salir de la pobreza.

Resumiendo este dialogo, aprendemos que estos amigos deciden cambiar su estilo de vida (DESPUÉS DE SENTIRSE CANSADOS), frustrados, enojados con los resultados que hasta la fecha habían tenido… Por lo tanto, (para salir de un lugar a otro) se necesita que la persona involucrada, "se canse" y tome la firme decisión de ir en busca de algo diferente, algo mejor. Si me expliqué, "hasta que una persona no se cansa de una cosa… no busca la otra". ES LA NECESIDAD la que te motiva a moverte… O

Ayudando a Pescar Oportunidades

está con una o con la otra… no se puede aspirar a mejores cosas, mientras no se esté cansado de las que tenga: <u>en algunos casos</u>.

Hasta aquí con el Hombre Más Rico de Babilonia. No sé ustedes "que están leyendo", pero ahora entiendo el porqué, este hombre (SE HIZO) el más rico de su país. Una breve mirada a los hombres ricos de hoy, encontramos que hacen lo mismo… Trabajan, ahorran, invierten y ayudan a otros, etc.

Por mi experiencia con la lectura del Hombre Más Rico de Babilonia, y mi comunicación "exclusiva" con la Hormiga Más Rica del Mundo, -pienso que usted también-, TIENE LA MISMA OPORTUNIDAD, y luego de tomar notas ¡se pondrá en acción!

Permítanme compartir lo que yo entiendo: un ingrediente mágico para el ahorro y la inversión. Le presento a "Robert T. Kiyosaki". Este es el autor del famoso libro: Padre Rico,

Padre Pobre, El Cuadrante del Flujo del dinero, entre otros.

El Sr. Kiyosaki es el autor más importante en el manejo moderno de lo que es (compra y venta), porque a la hora de comprar algo con el propósito de sacarle provecho, habría que hablar en el lenguaje de ACTIVOS Y PASIVOS. ¿Le suena familiar? Recomiendo este libro porque es una necesaria herramienta para cualquier persona que esté "CANSADA" de luchar sin los resultados esperados, y dispuesta a mejorar su estilo de vida.

Resumiré el concepto de "Activo y Pasivo", según lo que yo entiendo que dice el autor. Dice que un "ACTIVO" es toda inversión que cada día traiga más dinero de ganancia. "Algo que uno compra y produce ganancias constante". Dice que un "PASIVO" es toda inversión que cada día te exige gastar (constantemente) más dinero, para mantenerlo como tuyo. "Algo que uno compra y debe gastar dinero cada día: para retenerlo". Que genera gastos. **El autor dice que un activo pone dinero en tu bolsillo. Y que un pasivo, saca dinero de tu bolsillo.**

Activo es igual a "ingresos" Pasivo es igual a "gastos"

Comparando esto con una mazorca de maíz: el rico siembra la mazorca para que produzca maíz en abundancia. El pobre se come el maíz y continúa en la pobreza. Uno gasta todo lo que le llega a las manos, y el otro lo invierte. "Uno suma y el otro resta". Sigue diciendo el autor de Padre Rico: que el rico "SE HACE" más rico porque invierte sus ahorros y genera más ingresos. El pobre se hace más pobre porque gasta todos sus ingresos, pero se compromete con más gastos.

Ayudando a Pescar Oportunidades

Visualicemos esto: dos personas reciben cada día, una mazorca de maíz. El primero siembra el 10% de su maíz. El segundo se come el 100%. ¡Qué podemos esperar de uno y del otro en los próximos meses!

Quiero llamar su atención a la palabra: "SE HACE". Observe que cuando se acusa al rico de "HACERSE" más rico, y lo mismo al pobre de "HACERSE" más pobre... la misma palabra se explica sola. ¡Ambos se hacen –así mismo–, una cosa o la otra! El rico -SE HACE-. El pobre –SE HACE-. Porque hacerse es una decisión individual de cada persona. Sin ignorar que las medidas tomadas por algunos políticos, favorece una cosa o la otra, por más que nos quejemos, es uno mismo quien debe tomar la decisión de "HACERSE", rico o pobre.

"De esta manera es que los padres HACEN a los hijos... una cosa o la otra; dependiendo lo que ellos sean, a la hora de enseñar". Entonces, cuando los hijos llegan a su mayoría de edad, (YA SON) una cosa o la otra. Por eso le cuesta tanto trabajo al hijo "independizarse" de sus padres: económicamente hablando, luego de alcanzar la edad productiva.

Hago este comentario porque yo mismo no entendía, cuando alguien decía que mientras el pobre se hace más pobre, el rico se hace más rico, pero al hacer ese comentario, solo se intentaba decir (que la razón por la cual el pobre se hace más pobre, es porque el rico se hace más rico). Como puedes notar, el rico no hace al pobre, ni el pobre hace al rico... ambos se hacen con el sudor de sus frentes. Consciente o no, cada uno se hace así mismo, gracias al conocimiento y la debida acción. Esto es así, en el mayor de los casos.

VI

SUMA Y RESTA: CUESTION DE LOGICA

¿EL SALARIO NO LE ALCANZA?

Esto me trae recuerdos, por ejemplo, cuando un niño está comenzando a correr y el adulto le desafía, se manda adelante y dice al pequeño: ¡a que no me alcanza! El carro deportivo le dice al de la bicicleta: a que no me alcanza… Esto es exactamente lo que (los gastos del pobre) le dice al salario del mismo: ¡a que no

103

me alcanza! Y es claro que no le alcanza. El ingreso nunca le podrá alcanzar al consumo… a menos que, quien tenga el control de ambos, así lo decida.

Si yo fuera el salario respondería "y como te voy a alcanzar con la prisa que tu llevas". Esto es bien interesante, puesto que hay cosas que deben decirse en parábolas, "para captar" el entendimiento y la motivación de algunos. En una ocasión, dos patos competían entre ellos, para ver quien volaba más rápido. En eso pasó un avión supersónico por el lado de ellos, tirando humo y fuego. Uno le dice al otro: (wow) ese sí que va rápido… y el otro le dice: cualquiera, no ve que lleva el trasero prendido en candela…

Subir o bajar de peso es cuestión de caloría. Ponerle al cuerpo más calorías de la que necesita, es igual a subir de peso. Para bajar, solo hay que hacer lo opuesto. ¡Lógico, verdad! Cuando usted tiene la balanza en sus manos, de usted depende hacia qué lado quiere inclinarla. Claro, lo que digo es a partir de que una persona tenga el conocimiento: la información, la plena conciencia de lo que está haciendo. Así que, regresemos al principio para poner las cosas en orden, y así movernos hacia la meta soñada.

Usted nació con necesidades básicas. Acepte que esto es así y será para toda la vida. Tome un lápiz y papel, o una calculadora y sume todo lo que le cuesta DINERO, lo que usted gasta cada día. Si es más fácil; saque una cuenta total y divídalo entre 30 días.

Por ejemplo: si usted gasta $300 dólares al mes, y lo divide entre 30 días, estás gastando $10 dólares por cada día. Si sus ingresos son de $270 dólares al mes, y lo divide entre 30 días, tenemos un $9. Cualquiera que sea el nombre de la moneda de su país: dólares, euros, pesos, etc.

Cualquiera que sea el total de gastos, lo divide entre 30 días y mire cuánto gasta cada semana y cada día... ¡Ya lo tiene! Entonces ya sabe cuánto consume usted cada día. Esto debe incluir todos sus gastos... el gasto de las personas que está bajo su responsabilidad: si ese es su caso. Personas que dependen de usted, hijos, padres, etc. OK, ¿Cuánto está ganando al mes? Divídalo entre 30 días y mire ahora cuánto dinero necesita producir, para equilibrar la balanza o en tal caso, mirar cómo reducir los gastos de menor relevancia.

Hay dos formas de lograr este balance: ¡Suma y Resta! Estamos de acuerdo de que es más fácil producir $10 dólares o pesos cada día, que producir $300 en un mes... Esta idea la podemos llamar ¡EL DÍA A DÍA! "Comer, beber y vestir" es un asunto de cada día, y no se puede dejar para mañana: así de serio debemos tomar la producción de cada día. Si dejamos de producir hoy, mañana tendremos que producir el doble... para reponer el gasto de ayer.

Ayudando a Pescar Oportunidades

La idea es que cada persona (en capacidad de entender y producir), debe tomar este "plan de día a día" como algo que debe solucionarse antes de dar por terminada la jornada del día. Que usted sienta satisfacción por haber cumplido con su responsabilidad o que por el contrario, le quede algo de pena por no haberla cumplido. La misma Biblia nos enseña cómo es la cosa: dice que el que no trabaje, que no coma...

Se entiende con esto, que todos tenemos derecho a comer, pero también tenemos responsabilidades: en el momento en que estamos ignorando nuestras responsabilidades, también estamos renunciando al derecho a comer... ¡El derecho a comer está condicionado al compromiso de producir! Por eso debemos aprender y poner en práctica el hábito de trabajar; de pescar.

En la Biblia dice que el que no trabaje, que no coma...

Tómelo como un juego –que realmente lo es–, y hágalo divertido. ¿Qué es más cómodo para usted? ¿Bajar el gasto o subir el ingreso? Lo que estás jugando es divertido pero las decisiones son de vida o muerte… Usted puede bajar el gasto pero sólo hasta el punto donde NO se vea afectada su salud, puesto que hay un consumo diario que no se puede negociar… su alimentación, medicina, renta, ropa… ¿Qué otra cosa es necesidades básicas para usted?

Como podrá ver, el gasto podrá bajarlo pero tiene límites para hacerlo… ¡La buena noticia es, que el ingreso puede subirlo sin límites! Así que no hay que buscarle la quinta al gato… Subir el ingreso es la más correcta de sus opciones, porque el consumo no puede bajar más del mínimo, en cambio, el ingreso puede subirlo ¡SIN LIMITES! Incluso, una persona puede gastar todo lo que quiera y eso tiene su límite: no puede comer más de lo normal. No puede beber más de lo normal. No puede vestir más de lo normal y tampoco puede vivir en más de una casa…

Por eso, el consumo no es realmente todo el problema, (aunque debe ser controlado). El problema es el ingreso, cuando el ingreso está por debajo del consumo, SE CONVIERTE EN UN PROBLEMA. Pero gracias a nuestro Creador, tenemos luz verde para elevar nuestros ingresos hasta donde uno quiera. Sí, hasta donde usted quiera… Por eso es que el rico "SE HACE" más rico. Y el pobre "SE HACE" más pobre. Permítanme hacerle esta pregunta, ¿Usted ha decidido hacerse qué? A partir de este momento, su decisión es extremadamente importante.

Lo que está en juego con lo que usted decida "HACERSE", no sólo es usted como líder… usted está a punto de decidir el futuro de sus hijos, sus padres, sus familiares y su comunidad, del medio ambiente... Usted tiene dos opciones: o se hace o deja que otro lo haga a usted, como normalmente sucede cuando somos menores de edad, y otros deciden por nosotros. LA DECISIÓN ES SERIA… porque si usted no se hace lo que quiere ser, "otro hará de usted" lo que usted NO quiere ser ni hacer.

Piense bien lo que va a hacer. Napoleón Hill –un autor fuera de serie–, especialmente por su libro más vendido "PIENSE Y HAGASE RICO": dice, piense y hágase rico. Piense y hágase pobre, piense y hágase saludable. Piense y luego hágase… esto y aquello, pero "por lo que usted más quiera", piense y haga algo por usted y sus seres queridos, por su comunidad... por su país.

Hay muchas personas que son pobres porque, personas como usted y yo, no tomaron la decisión correcta. De igual manera, puede ser que usted no esté satisfecho/a con lo que tiene: (si fuera su caso), porque en el pasado, alguien cerca de usted no tomó la decisión correcta. En todo esto puede haber una enorme diferencia entre usted y los que antes que usted, no tomaron la decisión correcta, y es que esas personas probablemente, no recibieron estas informaciones ¡Y USTED SI!

Compare esto con alguien que fue a pelear en representación de su familia, pero no tenía armas para luchar. Ahora le toca a usted, y estas informaciones son suficientes para tomar la decisión correcta y es por eso que debo volver a preguntarle ¿Usted ha decidido hacerse qué? ¡Rico o Pobre!

Es importante hacer una explicación en la palabra "RICO". Hay personas que son pobres por temor a ser ricos. Pero de igual manera, hay personas que son ricos por temor a ser pobres… Y esto ha sido motivado por la interpretación que (a veces) les damos a cosas que vienen de la Biblia, "donde el Joven rico es puesto a prueba por Jesús". Dice la Biblia (acerca del dinero), que uno no debe amar a dos dioses: o uno o el otro. "O amas al dinero o amas a Dios". Esto es verdad, pero amar a Dios no incluye un desprendimiento total o parcial del dinero. De hecho, amar a Dios te conecta con la fuente del dinero. Pero amar al dinero puede confundir una cosa con la otra…

Quien amas el dinero, hace cualquier cosa por él. Quien amas a Dios, no hace cualquier cosa por dinero. ¡Puedes ver la diferencia! Hacer cualquier cosa por dinero –incluye hacer el mal–. Pero necesitas el dinero para cubrir tus necesidades básicas. ¡Y hay que sacarle el diezmo a Dios! Así que, el dinero no es el problema. "El problema es el desconocimiento acerca del mismo"; es el miedo que sin darnos cuenta le tenemos al dinero.

"Puedo decir que tener dinero no es el problema, los problemas se producen por la falta de éste: cuando andamos en la búsqueda del mismo".

Ayudando a Pescar Oportunidades

Por un lado, trabajamos día y noche por dinero, y sólo tocamos el mismo para dejarlo ir… Es como un juego: soltamos un pajarito y salimos corriendo tras de él. Y cuando finalmente lo tenemos, lo volvemos a soltar y otra vez salimos tras de él. Y hacemos esto con el dinero día y noche y por toda la vida. El resultado; terminamos amando al dinero porque nos pasamos la vida entera buscándolo. Realmente necesitamos dinero, pero éste debe venir a nosotros como consecuencia de hacer nuestro trabajo (con amor).

"Note la diferencia: nuestro amor no debe estar enfocado en el dinero, sino en el trabajo... porque éste es el que produce el dinero".

La hormiga más rica del mundo, también dice: "cuando usted encuentre una empresa que abiertamente se dedique a conseguir la prosperidad de los demás, no lo piense dos veces

Ayudando a Pescar Oportunidades

y únase a ella, porque eso es exactamente lo que mi Padre Creador le exige a sus hijos (al hombre), para que todo le venga por añadidura.

Entonces, la necesidad del dinero es una verdad universal. La cosa no es que el dinero sea malo… malos son los que después de buscarlo, lo dejamos ir como si eso nos liberara de alguna culpa… por haberlo perseguido por todo un mes… por toda la vida.

**¡*Mientras que el pobre se desahoga gastando su dinero: el rico se divierte invirtiéndolo!*

Regreso nuevamente al autor del libro: "Padre Rico, Padre Pobre", del Sr. Kiyosaki. Porque este genio de las finanzas explica esto muy simple: las personas que no saben usar el dinero, ¡serán usados por el dinero! La idea es que el dinero le dice esto a usted: ¡USTED

TRABAJA PARA MI: O YO TRABAJO PARA USTED! Pero no podemos hacer ambas cosas.

Puede imaginarse esta escena, donde (una papeleta) le hable y le diga: aquí no podemos trabajar los dos "usted trabaja para mí o yo trabajo para usted". Como ser humano cualquiera se llenaría de orgullo y le diría -a la papeleta-, que ella va a trabajar para usted.

El problema es que si usted no sabe hacer que el dinero trabaje para usted éste (el dinero) se va de su lado. O sea, no necesita ser muy inteligente para trabajar por dinero... en cambio, para hacer que el dinero trabaje para usted (que sea su esclavo) ¡para eso sí se necesita ser más inteligente que el dinero!

Si entendió lo que hasta ahora he dicho: "el hombre no trabaja para el hombre", entre los hombres está el dinero y, es a éste (al dinero) al que debemos esclavizar... no al hombre. "El

Ayudando a Pescar Oportunidades

hombre será esclavo del dinero mientras no aprenda a hacer que el dinero trabaje para él".

La idea es que si usted es lo suficientemente inteligente, el dinero trabaja para usted; si usted trabaja por dinero, el dinero es más inteligente que usted... ¿cuál es su caso?

Esta inteligencia financiera es la que enseña el Sr. Kiyosaki, y es la que quiero compartir con usted, con este trabajo. La Hormiga Más Rica del Mundo, dice que el dinero huye de la persona que no sabe invertirlo, ¡pero que viene en cantidades, donde la persona que sabe cómo invertirlo!

Cuando el dinero llega a tus manos, es porque quiere trabajar para ti... ¡pero si usted no lo entiende, nuevamente se aleja! Note usted, que las personas están agrupadas, alrededor de un líder que sabe producir y manejar el dinero...

de hecho, las personas que siempre están cerca de un líder así, gana más dinero. No hay que ser interesado/a para darse cuenta… adonde usted va a buscar cuando necesita algo: ¿Dónde hay o dónde no hay?

Para concluir, ponga la balanza en sus manos y decida hacia qué lado quiere moverla. ¡CONÉCTESE A LA FUENTE! Cuando una persona no tiene dinero en efectivo, está desconectada de la fuente. Cuando recibe dinero está conectada a ella: ¡si ve! Cuestión de suma y resta. "Hoy en día hay muchas fuentes, pero al final del libro encontrara ¡**un regalo inteligente**!

Significa esto que la próxima vez que usted reciba dinero   –aunque no sea suficiente– _páguese usted primero_, esto es precisamente lo que dice el Hombre Más Rico de Babilonia, y también lo recomienda el libro "Padre Rico, Padre Pobre". Este hábito no es fácil de adquirir, pero se debe persistir hasta lograrlo.

Ayudando a Pescar Oportunidades

La mayoría de nosotros recibimos dinero y lo repartimos todo y al final, quedamos peor de donde estábamos. El próximo ejemplo nos ayudará a entender el asunto.

"SALARIO": Así usamos el dinero cuando llega a nuestras manos, después de trabajar muy duro por él. Como usted se dejó para último, porque: como un ser responsable, les pagamos a todos... y NO queda nada para nosotros.

1)-Comida.

2)-Renta.

3)-Medicina.

4)-Ropas.

5)-Agua.

6)-Luz.

7)-Teléfono.

8)-Otros.

9)-USTED (0 %).

Ayudando a Pescar Oportunidades

A esto es que el Sr. Kiyosaki, le llama pagarse de último. La recomendación de los ricos y personas que avanzan hacia la libertad económica es, que revierta esta lista y se ponga usted de primero: por ejemplo así.

1)-USTED (10 %).
2)-Comida.

3)-Renta.

4)-Medicina.

5)-Ropas.

6)-Agua.

7)-Luz.

8)-Teléfono.

9)-Otros.

"SALARIO": Claro que las cosas cambian en el primer mes del pago. Esto es a lo que La Hormiga Más Rica del Mundo se refiere, cuando dice: que una parte de lo que usted gana le pertenece. Pero no se confíe... Este 10 % que

Ayudando a Pescar Oportunidades

usted reservó (para usted), deben ser invertidos ¡en MAS activos!

Y, los beneficios de esa inversión deben volver a invertirse en más activos. Y cada vez que reciba un dólar (el 10 %) debe ir a esa cuenta de inversiones. Esto es inteligencia financiera: como dice Kiyosaki.

A los tres meses de estar haciendo esto, nadie tendrá dudas de que usted decidió hacer algo diferente... ¡DECIDIO, HACERSE RICO! A esto es que muchos le tienen miedo, al no saber que pueden hacerse ricos. ¿Será porque eso implica un esfuerzo extra? O bien, ¡porque no tenían suficiente motivación, antes de leer este libro!

Por ejemplo: digamos que usted recibió diez mazorcas de maíz. Usted toma una y la siembra... "Con una mazorca de maíz se pueden producir muchas más", y todo el maíz que esta les puedan dar: deben volver a sembrarse y

Ayudando a Pescar Oportunidades

repetir este proceso, tantas veces sea necesario, hasta que usted considere que ya no necesita más. Las otras nueve mazorcas son para su consumo diario. "Esta es la idea para manejar sus ingresos del 10 % y el 90 %: el primero para invertirlo y los otros para sus gastos diarios".

"EL EFECTO BICICLETA"

Todos sabemos qué es una bicicleta, el saberlo nos facilitará el camino para entender qué es la manecilla… Regularmente (en una bicicleta) tenemos dos piñones para accionarla, y sobre estos piñones va montada la cadena por donde se desplaza la energía para impulsar la bicicleta. La parte donde van montados los pedales es la que produce la energía, y por lo regular, este piñón donde van los pedales es 4 veces más grande que el piñón que va en la rueda de atrás. ¡Ok!

El piñón donde van los pedales -es el que produce la energía (a este) podemos llamarlo (**activo**). El piñón más pequeño que va atrás, es el que consume la energía, podemos llamarlo (**pasivo**). La idea es para entender mejor que uno produce y el otro gasta…

Los pedales siempre van en el piñón de ACTIVO, si este piñón es más pequeño que el piñón de PASIVO, usted tendrá que dar 4 vuelta con su pedal (activo) para que el piñón (pasivo) produzca una vuelta. **"Así es la bicicleta de los pobres"**.

Si los dos piñones son del mismo tamaño **(activo y pasivo)**, usted producirá una vuelta con el pedal y lo mismo avanzara la bicicleta. Da uno y recibe uno. **"Así es la bicicleta de la clase media"**.

Si en cambio, el piñón del pedal **(activo)** es 4 veces mayor que el piñón de atrás **(pasivo)**, usted solo necesita dar una vuelta con su pedal **(activo)**, para avanzar 4 veces más rápido que el piñón **(pasivo)**. **"Así es la bicicleta de los ricos"**.

Miremos esta idea del efecto bicicleta, en gráficos. Visualice que los pedales siempre estarán en la parte derecha, (la parte de adelante) representando "los ingresos o bien, los activos".

En el grafico #1, notara que por más que usted se esfuerce, tendrá más gastos que ingresos, porque el gasto (pasivo) tendrá que dar 4 vueltas por cada una del activo; terminara cansado sin avanzar significativamente...

En el grafico #2, cuando el ingreso (activo) avance una vuelta, el gasto (pasivo) también avanzará una vuelta; y nunca cambiara estos resultados, mientras todo dependa de su único esfuerzo. Y en el grafico #3, el ingreso (activo) es 4 veces mayor que el gasto (pasivo), lo que quieres decir que usted lograra su meta con menor esfuerzo…

Ver los gráficos en la próxima página:

Grafico #1: La Bicicleta del Pobre.

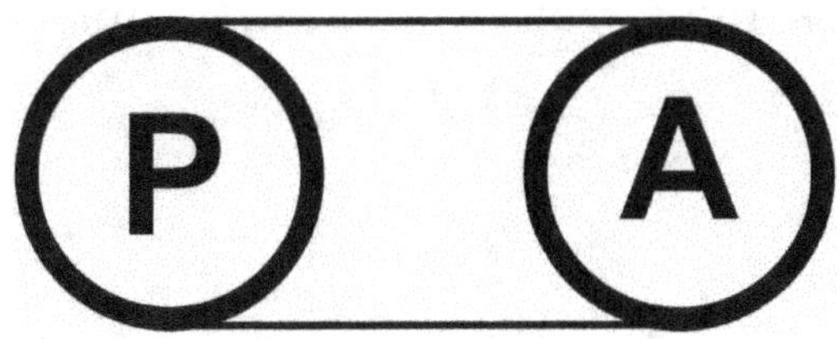

Grafico #2: La Bicicleta de la Clase media.

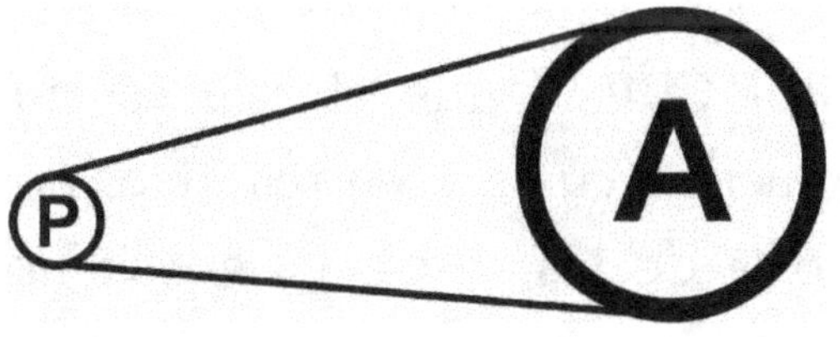

Grafico #3: La Bicicleta del Rico.

125

Una vez que usted tome conciencia de esto, ya sabe lo que debes hacer, para ir (de donde se encuentra) hacia la abundancia; se necesita invertir el mecanismo. Esto se consigue aumentando el ingreso, consiguiendo que el mismo supere los gastos. Lo puede hacer controlando el gasto e invirtiendo ese ahorro en más activos, para que un día cambien las cosas a su favor.

En el próximo punto le hablaré un poco del papel que juegan las personas más ricas del mundo; su importancia en la vida del más necesitado. Creo oportuno aclarar este punto de vista, porque a muchos les interesa "QUE EL POBRE CREA" que el rico es culpable de su desgracia… cuando en realidad, no es así: en la mayoría de los casos. Usted siempre tendrá la oportunidad de cambiar, lo que no funcione para sus beneficios.

Ayudando a Pescar Oportunidades

VII

NO TEMAS SER RICO

El encabezado de este capítulo lo tomé de una frase que me gustó al leerla en una página de la Internet. "No temas ser rico". Si una persona te dice que el dinero es malo, ¡no le des el diezmo! Para qué quiere tu iglesia algo que es malo… Así termina diciendo el artículo.

Ser rico implica una gran responsabilidad. Contrario a lo que muchos predican… el rico NO es culpable de que haya pobres. "La misma Biblia dice que Dios hizo al pobre y al rico".

127

Recuérdese que ayudar a los demás es el único trabajo que existe, y es la única forma de ganar dinero. "NO HAY OTRA".

¡Y mientras más personas ayudes, más bendiciones recibirán! Porque si haces bien tu trabajo: dice la palabra de Dios ¡todo lo demás vendrá por añadidura! En abundancia. Por lo tanto, ser rico es el resultado de ayudar a muchas personas. Usted no tiene otra forma de multiplicar su dinero si no es ayudando a más personas. Lo que ya sabe, "COMPRANDO Y VENDIENDO".

El rey Salomón fue el hombre más rico de su tiempo, pero el sólo pidió sabiduría y conocimiento: ¿para qué? ¡Para ayudar a la gente! Y qué le dijo Dios, según la Biblia: por cuanto eso has pedido, y no pediste poder contra tus enemigos ni dinero... también te haré el hombre más rico del mundo. Muchas personas creen que como Salomón no pidió dinero... no se

Ayudando a Pescar Oportunidades

debe pedir dinero. Salomón lo pidió todo: ¡PIDIÓ CONOCIMIENTOS!

Lo cierto es que el dinero es consecuencia del conocimiento ¡puesto en acción! Eso fue lo que pidió Salomón. Unos de los hombres más ricos de estos tiempos es Bill Gates. ¿Y cómo -SE HIZO RICO? Ayudando a millones de personas. "Hubo un momento donde las empresas de Bill Gates, pusieron productos en las manos de millones de personas que tenían un producto que llegó al mercado, ayudando a otros millones más".

Estas personas ganaban dinero gracias a las empresas de Microsoft, la cual hacia o, estaba relacionada con empresas que hacían estos productos, para bendecir a millones de hogares. Ahora, busque usted una persona rica que no deba su riqueza, al trabajo de ayudar a otros tantos… ¿Y cómo se ayuda al prójimo? ¡COMPRANDO Y VENDIENDO!

Una razón por la que muchos acusan a ciertas personas ricas es, porque no conocen sus aportes a la sociedad: ignorar estas informaciones es lo que conlleva al prejuicio.

Un ejemplo como el rico gana dinero es, cuando pone su dinero en el banco. El banco tiene empleados que ganan salarios y esto es gracias a que el rico puso su dinero allí. El banco presta ese dinero a otras personas que lo invierten y, así se forma una cadena de personas ayudando a más personas. Este círculo de prosperidad continúa hasta alcanzar a todos: al rico y al pobre. "<u>Desde luego, los bancos también tienen sus secretos</u>".

Cada vez que una persona recibe un salario (por poco que sea), tiene en su poder la decisión de inclinarse a un lado o al otro. Así que, con cada salario, el rico le está dando al pobre, la oportunidad de HACERSE RICO. Pero

Ayudando a Pescar Oportunidades

el pobre, no lo ve así y hace lo que hacen la gran mayoría: se pagan de último y, como nunca sobra para el último, no pueden invertir ese valioso 10 %.

No estoy defendiendo al rico, porque en realidad ¡de nada se le acusa! Ser rico es estar bendecido, y si estás bendecido no se le acusa de nada, porque la prosperidad es el resultado de "DAR", de ser generoso. Pero esto no incluye al rico que tenga cuenta pendiente con Dios…

Le pondré un ejemplo negativo de alguien que se hace rico, (mejor dicho) se hace de dinero de manera ilícita. Esto es sólo una parábola: Una persona DECIDE ROBAR un banco y se lleva un millón de dólares. El incidente deja un muerto y dos heridos. Increíblemente, "esa acción negativa" activa la producción positiva… Por un lado, el banco tiene un seguro que responderá por el dinero. Un presupuesto le paga al investigador del caso. La funeraria gana dinero

Ayudando a Pescar Oportunidades

porque hubo una persona muerta. El hospital gana dinero porque hubo dos heridos.

Todas las personas involucradas en este acto negativo, son beneficiadas porque de eso viven... El muerto y sus familias son los perdedores. ¿Pero dónde está el ladrón?   Lo capturen o no, este ladrón comenzó a repartir el dinero y la única forma de gastar dinero es: ayudando a los demás. Este ejemplo solo tiene el propósito de probar que cuando te mueves hacia la izquierda o la derecha, estás ayudando personas. ¡Pero hacer lo mal hecho "PECAR" tiene su castigo! "El más buscado siempre será capturado: <u>como dice el inventor del juego MAS BUSCADO"</u>.

<u>Precisamente, es por eso que debemos enseñar a PESCAR a nuestros jóvenes, eso (reduciría) el número de personas que escogen el camino de PECAR... por no saber PESCAR.</u>

Ayudando a Pescar Oportunidades

Por lo tanto, ser rico es algo a lo que todo el mundo está llamado. Tener mucho dinero no es lo mismo, porque la verdadera riqueza es el conocimiento y este debe traducirse en prosperidad. Por eso es que la verdadera riqueza se adquiere con educación. La riqueza material se adquiere ayudando a mucha gente. Usted decide a cuantas quiere ayudar. Por último, en la misma Biblia nos dice que el hombre es probado con lo poco para ver si puede administrar lo mucho.

En el ejemplo del talento (denario), a quienes le dieron Cinco mil y Dos mil respectivamente, lo invirtieron y ganaron más. Estos probaron con lo poco que podían administrar más. Mientras más inteligente es el rico para administrar lo que tiene "más dinero consigue". Entonces, el pobre es probado con un salario mínimo ¿y qué hace? lo gasta y no aprende a multiplicarlo ¿Se le puede dar más?

Si el banco le ofrece al pobre una tarjeta de crédito: con cuanto comienza ¿con mucho… con poco? Si aprende a usar la tarjeta y hace bien sus pagos… ¡¿no le dan una tarjeta con mucho más?! Cuando un atleta inicia su primera temporada después de un contrato: ¿Comienza jugando todos los minutos? ¡No! Primero juega un poco y, allí debe probar que puede jugar por más tiempo.

Entonces, el rico es rico porque ha pasado la prueba, va al banco y éste le dice: ¡lo que quieras! ¿Le gustaría que eso pase con usted? ¿Quién se lo impide? Comience con lo poco. Concéntrense en su trabajo y pruebe que usted quiere mucho. Dios no se lo va a negar. Cuando reciba su próximo salario, pruebe que está listo/a para ganar más; **"páguese primero"** y decida ¡HACERSE RICO!

Ayudando a Pescar Oportunidades

VIII

POBREZA Y RIQUEZA

¿Qué es eso?

Si a usted le ha pasado igual que a mí, por un tiempo entendía que era pobre, sin embargo, -40 años después-, fue cuando –por necesidad- comencé a preguntar el porqué y cómo. Yo consulte a 10 personas (acerca de) si querían hacerse pobres o ricos. En caso de que pudieran escoger. Todos optaron por ser ricos. Pero ninguno tenía una clara idea o definición práctica de lo que era pobreza y riqueza. Con la única aproximación de que, una estaba relacionada con la abundancia y la otra con la escasez.

Hice otro ejercicio donde provisionalmente intercambié los nombres: a la abundancia le llame pobreza, y a la escasez, riqueza. Y luego repetí el primer ejercicio. Esta vez, todos optaron por ser pobres. Así que, a la gente no le importa la palabra que define una ni la otra… lo que les importa es ¡el resultado que conduce a la abundancia! Lo que acabo de explicar no es nuevo, quizás usted lo sabía. Pero las personas consultadas no lo sabían y no lo entendían de esa manera.

Por lo tanto, la riqueza y la pobreza son el nombre con lo que se identifica la abundancia y la escasez. Nuevamente regresamos a la suma y resta. La pobreza es un conjunto de informaciones que se introduce en lo más profundo de la mente humana. Estas informaciones toman como rehén a las personas.

Ayudando a Pescar Oportunidades

Estas informaciones se convierten en hábitos y estos son los que rigen la vida de las personas víctimas. Estos hábitos son los que producen escasez, impidiendo a las personas pensar, decir y hacer las cosas de tal manera que se traduzca en abundancia.

"La pobreza es un conjunto de informaciones que se introduce en lo más profundo de la mente humana. Estas informaciones son las que producen los hábitos de igual valor".

JAME ALLEN, autor del libro más vendido "Como piensa el ser humano, así es su vida". Esto que dice el título lo dice todo. Y el Dr. Camilo Cruz, autor de varios libros más vendidos, como "La Vaca, El Secreto, etc.", dice que cuando se quiere salir de la pobreza, de lo único que no se debería hablar es de eso: de pobreza. La idea del último ejemplo es que (se atrae lo que se piensa con frecuencia). El que piensa que se va a caer, termina en el suelo. "Los estudiantes no estudian para quemarse, por eso regularmente pasan con buena notas".

NAPOLEÓN HILL, autor del libro: "PIENSE Y HAGASE RICO", con el título lo confirma. Todos coinciden en que primero –se piensa–. Quiere decir que los pensamientos que dominan nuestros días, terminan materializándose... JESÚS dice: así como lo crees, ¡así es!

Wallace D. Wattles, autor del libro: La Ciencia de Hacer Rico, enfatiza en que todo consiste en hacer las cosas DE UN CIERTO MODO...

Quedamos entonces que la riqueza y la pobreza son hábitos que se construyen con Información y Acción... De la calidad y cantidad depende lo que al final será. Como dice la canción de los hermanos Pimpinela: "TU LO DECIDE".

Ayudando a Pescar Oportunidades

Usted necesita tomar una decisión en este momento. También piense que el rico ni el pobre nacen como tal... ¡Se hacen!

Nacer en la abundancia no significa nacer rico... lo mismo aplica el nacer en la escasez. En la medida en que estas criaturas van creciendo, van recibiendo las informaciones que un día les permitirán a ambos: hacerse una cosa, o la otra.

Cuando se es menor de edad, son sus tutores quienes deben construir en el joven, las informaciones que luego se deben traducir en acciones. Cuando se es mayor de edad, se debe tomar la decisión de hacerse uno mismo.

Quizás sus padres no tuvieron informaciones como estas para entonces tener la oportunidad que usted tiene ahora. Gracias a Dios, usted no tiene sólo una oportunidad en la vida, sea ahora o el próximo año: la decisión que deberá tomar será la misma.

¡Tú Lo Decide!

Tú decides trabajar. Tú decides comer. Tú decides comprar. Tú decides dar o pedir. Tú decides lo mejor para tus seres queridos. Tú decides ir a pie o montado. Tú decides si seguir trabajando por dinero o si, el dinero trabaja para ti. Puede pasarte toda la vida tomando decisiones… esta es la decisión más importante de todas la que Dios nos ha permitido tomar.

Tú decides el tipo de educación que desea para los tuyos. Tú decides donde quieres vivir. Tú decides la casa que quieres tener. Tú decides hacer que te respeten por tu posición de abundancia: o por tu posición de pobreza. Tú decides comer cuando tengas hambre o cuando tenga con qué. Tú decides cuanto le quiere dar a la iglesia. ¡No hay límite!

Decide qué país te gustaría visitar. Pero hay algo que debes tener claro: todas las cosas buenas que puedas tener, no podrás conseguirla a menos que: AHORA MISMO, decidas ¡HACERTE RICO! Termino regresando al principio.

1) Usted nació con necesidades básicas. Necesita comer, beber y vestir.

2) Con 24 horas para vivir.

3) Con un trabajo.

4) Tu trabajo es ayudar a los demás.

5) Debes pagarte primero, ahorrar e invertir (mínimo), el 10 % de tus ingresos.

6) Vives en un mundo de compra y venta: si no vende, no ganas.

7) Mantente aprendiendo: lee 30 minutos diario, libros coherentes con tus sueños, pero ¡SUEÑA EN GRANDE! Escucha audio y videos de igual valor.

8) Toma la decisión y libérate: ¡DECIDE HACERTE RICO/A! ¡AHORA!

Quien fuera presidente de los Estados Unidos, John F. Kennedy dijo: No pregunte lo que su país puede hacer por ti, "pregúntese: qué puede hacer usted por su país. El profesor Juan Bosch, Ex presidente de la República Dominicana y gran autor intelectual latinoamericano dijo: "Los pueblos dignos, como los hombres con estatura moral, buscan dar, no recibir; buscan ayudar, no pedir ayuda".

Estimados amigos y amigas: Aquí no importa la edad, las excusas son traicioneras, oye como dicen todos y persiste de esta manera. ¡Yo sé que usted puede! decídalo ahora, y ¡DECIDE "HACERTE" RICO!

Autor: Francisco Lora

Ayudando a Pescar Oportunidades

¡CONECTATE A LA FUENTE!

"El juego de Larry Queza"

Este juego ha sido creado por el presidente de la fundación América Unida Con La Abundancia, Inc., (para facilitar) la forma de participar, en lo que (en más de 170 países) se conoce como "La IDEA más inteligente para CREAR riqueza".

Este juego nos permite conocer y aprender a producir abundancia, sin importar en qué país usted se encuentre. (MBR), es una empresa creada por el visionario **Juan de Dios Silva**, en la ciudad de NY, Estados Unidos.

Como autor de 4 libros, inventor de varios juegos educativos, y presidente de la fundación "FAUCLA INTERNACIONAL", he visto en MBR, la mejor herramienta ¡jamás creada! Basta aprender cómo funciona, y su vida (y la de su

143

familia) dará un giro extraordinario. ¡Esto es un regalo de Dios! **<u>Cero riesgos, porque no es un negocio</u>**".

¡Así se juega!

Este juego consiste en ¡DAR Y RECIBIR! El tablero del juego contiene cuatro lados que en forma de cuatro corazones, se alimentan del centro del tablero. Si usted recibió este juego -a través de este libro manual- "Ayudando a Pescar Oportunidades" entonces, es un tablero en miniatura, así que, puedes usar monedas que puedan ser colocadas dentro de los círculos.

Cada lado contiene dos círculos, que forman un corazón: en uno está (su cajero en casa), y en el otro, es donde usted colocará las ganancias (bendiciones), para volver a participar. Para este ejercicio, tome 13 monedas y siga estos pasos: "si es mas cómodo para usted, <u>puede jugar con 23 monedas o billetes, si lo desea</u>". Tome la primera acción y haga un regalo, participe colocando una moneda –o billete- en el centro del tablero.

El círculo del centro representa a la persona que te regalo la oportunidad de participar. Cuando regala una participación, tú recibe autorización -de la persona que te invito- para que invite a dos personas. Cuando estas dos personas (tus invitados) te envíen una participación, de una moneda o, (billetes) coloca una moneda en tu cajero en casa, y una en el círculo que dice: siembra y cosecha.

NOTAS: <u>este juego muestra una idea básica que solo enseña a participar, pero, pronto aprenderá que no son dos personas las que necesita invitar… ¡con solo un invitado, puedes crear riqueza y bendecir a muchas personas!</u>

Esas dos monedas ¡**son tuyas**! Esto es lo interesante: por cada participación que tú envíes, (recibe dos) si, ¡dos por el precio de uno! Ok, repite este ejercicio hasta que se acaben las monedas o (billetes) ahora, toma la moneda que está en tu circulo que dice (siembra), y vuelve a

Ayudando a Pescar Oportunidades

participar, colócala en el centro.   Toma dos monedas y deposita una en tu cajero en casa, y una en siembra, repítelo… Al final, en el centro del tablero debe haber 7 monedas (si estás jugando solo/a) y en tu cajero personal deben de haber 6. Lo que ha ocurrido es lo siguiente: cada vez que usted participó, ¡recibió dos participaciones! Usted le hizo 6 regalos a la persona en el centro, que es la persona que le presentó la oportunidad. ¡Usted retuvo 6 regalos y, el regalo 7 que usted hizo, significa que usted está listo/a, para continuar recibiendo! Con este ejemplo, usted puedes notar las bendiciones que hay en su cajero: <u>¡imagínese que pronto usted será la persona del centro, que recibió 4 veces la cantidad que usted tiene, en su cajero!</u>

NOTAS: Como presidente de la fundación sin fines de lucro "FAUCLA", estoy promoviendo esta fuente de oportunidades que, AYUDAN a producir ingresos, para ayudar a las familias y las ONG, de todo el mundo.

Entra a mi página para que conozca la fuente principal que la fundación SIN FINES DE LUCRO,

Ayudando a Pescar Oportunidades

está recomendando (NO NECESITA INVERTIR NI UN CENTAVO), solo aprende y luego me puede contactar para más información. http://www.mybankreserve.com/?r=larry_queza. Además, puede recibir una copia original de (**el juego de Larry Queza**) en su tamaño original, y así tener más posibilidades de aprender a participar, y compartir una nueva experiencia de prosperidad, llena de esperanza y abundancia. Puedes escribirme a mi facebook (Larry Queza Internacional), también a mi SKYPE: (Larry_queza) y, al correo de FAUCLA: fundacionfaucla@gmil.com.

Ayudando a Pescar Oportunidades

Acerca del autor

Francisco Lora nació el día 4 de Junio del año 1962, en la ciudad de Santo Domingo, en un barrio pobre de la República Dominicana. Desde niño, nunca le gusto estudiar… y lo expulsaron de la escuela varias veces. Por estas razones fue enviado a un taller de mecánica, donde aprendió a reparar automóviles.

A los 22 años de edad trabajo como marinero mercante, donde finalmente llegó a ocupar la responsabilidad de jefe de máquinas. A los 27 años de edad su mente comenzó a expresar ideas creativas, de este cambio espiritual han salido varios juegos educativos, y varios libros.

En los últimos años, le ha hecho propuestas a Las Naciones Unidas, con el propósito de controlar los incendios forestales y un plan para sembrar árboles en todo el mundo. Les ha enviado cartas a más de 30 presidentes de Latinoamérica y de Europa, para presentar su visión para crear empleos, a través de sus libros. Lora es presidente fundador de la fundación sin fines de lucro "América Unida Con La Abundancia". FAUCLA.

Por su gran experiencia visionaria, se ha unido al presidente de la empresa <u>My Bank Reserve</u>, por considerarla "LA IDEA MAS INTELIGENTE" (en el universo), para crear riqueza (y liberarte de las deudas) en todas partes. El autor es el Inventor del famoso juego "MAS BUSCADO", con el cual está promoviendo una campaña mundial de **¡CERO VIOLENCIA!** promoviendo los buenos valores universales, a través del Club, creado para celebrar Olimpiadas internacionales. Con su eslogan: **"<u>No lo intente, el más buscado siempre será capturado</u>"**, el juego le está recordando a nuestros jóvenes, que sean responsables de sus acciones.

.

Ayudando a Pescar Oportunidades

Francisco Lora

Ayudando a Pescar Oportunidades

Ayudando a Pescar Oportunidades